田中千穂子監修, 内海新祐編集『こころで関わりこころをつかう―心理臨床への手びき その実践』(2021年3月21日第1版第1刷発行)中

下記の誤りがありました。お詫びして訂正いたします。

32頁執筆者一覧17行目

× 坂井玲奈（さかい・れいな）

○ 坂井玲奈（さかい・れな）

株式会社 日本評論社

こころで関わりこころをつかう

心理臨床への手びきその実践

田中千穂子●監修
内海新祐●編集

菅沼真樹
櫻井未央
八巻絢子
山田美穂
平野真理
坂井玲奈
森岡さやか
関真由美
石井朋子
広津侑実子
小野田奈穂
中島由宇
梅垣沙織
葉山美織
中島正雄

日本評論社

CONTENTS

第Ⅰ部　総論

第Ⅱ部　「こころをつかう」実践

◆第３章 共に歩むために

◆第４章 そだちを見つめて

第 I 部

総論

こころをつかうことをめぐって
——こころ・ことば・関係性

田中千穂子

はじめに

加齢に伴う体調不調によって心理臨床の仕事を閉じることをきめてから、自分が心理臨床に携わっていた40数年の間大事にしてきたものは何だったのかを、自分が書いた本をたどりながら振り返ってみました。私のはじめての本『母と子のこころの相談室』（田中、1993）は、子どもと親（特にお母さん）との関係性をどのように育ててゆくか、あるいはうまくいかずズレてしまっている関係性をどのように修復してゆくかということを私の博士論文の一部も含めて描いており、副題を「関係を育てる心理臨床」としています。今から30年ほど前には、関係性という視点は心理治療のなかではあまり言われていませんでした。でも私が心理治療をしてゆくなかで、関係性という視点は極めて重要だと思い、それにこだわり、治療の柱としてきたことがここから見えてきます。

そんな私の本のなかに「こころをつかう」ということばが見えるようになってきたのは、1997年の『乳幼児心理臨床の世界』（田中、1997）です。そして『子育て不安の心理相談』（田中、1998）をへて『心理臨床への手びき―初心者の問いにこたえる』（田中、2002）では、本格的にこころをつかって聴くということ、こころをつかった対話とは、というように「こころ」ということを中心にすえて心理治療を語り、積極的に考えるようになりました。もちろんそれまでも、私は相手とこころとこころを通わせあいながら、相手のこころの世界を育ててゆく、ということを大事にしてきていました。でも言うならば、それはあたり前のことで、ことさらに表現しなければならないものではない、大前提のことだったように思います。なぜなら心理治療とは「こころの手あて」だからです。とはいえ「こころ」ということばを私が表に出してつかうようになったのは、1997年に東京大学大学院で心理臨床家をめざす大学院生たち、すなわち心理臨床の初学者たちと関わるようになって以降であることが、ここから明らかです。今回はじめてこのことに気づきました。これには正直、ちょっとびっくりしました。

当時東京大学大学院には、心理臨床家をこころざす熱い思いを胸に抱いた院生たちがたくさんいました。ただ本学が臨床心理士になるための指定校にはなっていなかったこと、カリキュラムの整備も始まったばかりだったことも手伝い、臨床心理教員が自分の好きに授業を行うことができる自由度が今よりもずっとありました。それまで20年ほど主に医療現場で心理治療者をしてきて、そのことに誇りと気概をもち、現場人というアイデンティティが強かった私にとって、そこははじめての教育現場、はじめての授業です。何を伝えると初学者たちに役だつのか、真剣に考えました。どう考えても授業で一般的とされる、先達の先生方の書かれた教科書をもってきて、なぞる気にはなれませんでした。そこに描かれていることはその通りのことだけれども、それは心理治療を実際にするようになってはじめて身に沁みてわかってくるものでしかありません。臨床経験のまるでない、あるいははじめたばかりの学生たちが聞いても高尚すぎて絵に描いた餅。だから触ることも味わうこともできません。だから体験としてこころに響くものには成り得ません。座学では何も学べない。というか、あたまだけで相手に関わるような心理治療者しか育てられない。そう強く思い、できるだけ現場の雰囲気が漂い、彼らが自分のこころとしっかりと向かいあう授業をしたい、それが現場に出たときに相手のこころに向きあえる自分をつくるだろう、と模索をはじめたのが大学に教員としてはいってすぐに思ったことでした。このみずからの問いに答えるべく私は「プレイセラピーのワーク」「箱庭のワーク」「語りのワーク」という3つの体験ワークを考案して授業のなかにくみこみ、学生たちとこの問題を共有しながら過ごすようになりました。今回、一緒にこの本を書いている初期の頃の院生たちのレポートをもとに、その経緯が『心理臨床への手びき』に描かれています。

このように自分にとってあたり前のことが前提として共有されてはいなかったということから、自分が「こころをつかって話を聴く」ということばを用いるようになっていったという事実は、裏を返せば初学者たちが「こころをつかって話を聴くということがよくわかっていない」と私が感じたということになります。ただこれは、この大学院だけの問題ではありません。というのも、この問題は今日のわが国においては一層深刻なものになっていると感じているからです。これは心理治療の世界にとって看過できない問題です。そこで「こころで関わりこころをつかう」ということをめぐって、最近体験したエピソードをとりあげながらこの問題を考えてみましょう。

「こころをつかって聴いていない」は「あたまだけで聞いている」？

私は現在、別の大学院で心理治療者をめざして研鑽している学生たちと関わっています。どの大学院でも同じですが修士１年生はまだ、そのほとんどが心理治療を体験したことのない、専門家をめざしている素人たちです。どの大学院の学生たちにも共通して言えることですが、彼らの多くは入学時、理論や技法を学んでそれを相手に適用すれば心理治療は成立するし相手はよくなる、という図式で捉えています。それ故心理治療とはあたまで行われる高尚な知的作業である、とも考えているように思います。方法論を習得してそれを相手に投与すれば問題は改善する、だから教えてくれればちゃんとやるから、というこの安直な捉え方はずっと前からあったものの、その傾向は現在ではますます顕著です。これについての私の考えを先に述べると、まず心理治療は高尚な知的作業などではありません。もちろん知的な部分は重要ですが、もっと地べたを這い廻るどろ臭い部分がたくさんある、人間味あふれた地道で実直な仕事です。それは自分のこころとあたまとからだ全部をフルにつかう仕事であり、セラピストとクライエントという二人の関係性にもとづく、相互的なやりとりによっていとなまれる共同作業であると理解しています。

ですから、この初学者たちのイメージしている心理治療の世界と実際の心理治療の世界との間にある途方もなく大きな溝をどのように埋め、どう彼らを現実の心理治療の世界に近づけてゆくかということが臨床教員の役割になるわけです。そのために私は体験ワークを工夫したのですが、今年はコロナ感染症のせいでワークをすることができません。そこで私は後期の対面でのプレイセラピーの授業では講義に加えて、半分は年齢的に近い博士課程在籍中の院生たちに自分の担当しているケースを語ってもらう、というようにしてみました。近い先輩の体験なら今の自分たちと同じような考えや感性をもちつつ、プラスして現場の味わいを届けることができるだろう、そうしたら何かしら彼らのこころとからだに響くものがあるのではないか、と思ったからです。

　では彼らは先輩たちのケースの語りをどのように聞いたか？　初学者たちがケースを聞いた後に発した質問や感想を聞いた私のなかには、何ともいえないもやもや感が残りました。この感覚をどのようにことばにするとぴったりした表現になるのか、数週間かけて考えました。以下にその私の思考の過程をお話ししましょう。まず私は、自分がなぜ先輩院生に後輩にむけて自分のケースを話して欲しいと依頼したかを、あらためて考えてみました。先輩院生がケースをもって１年生の授業に馳せ参じてくれたのは、もちろん私が依頼したからではあるけれども、それだけではなく彼ら自身、自分が奮闘しているナマのケースを彼らがまるごと聞くことが後輩たちの学びとなるだろう、それに協力したいと思ってくれたからだと思います。とはいえ、彼らもまた臨床をはじめて数年たっただけの駆け出しですから、気づかなかったことやうまくいかないところも、もっとこうすることができたと悔しく思うところも多々あるに違いない。でもそれらも含めて後輩たちの学びだと思うから、自分の奮闘をありのままさらけだし、後輩たちに「セラピーってこういうものなんだよ」と熱っぽく伝えようとしてくれたのだと思います。

　そもそも人はなぜ自分のケースを人に話そうとするのでしょうか。これは通常ケースを発表する人は何を求めて話そうとするのか、という問いです。人に話したら非難されたり批判されると思われるような、いわゆるむずかしいケースは、人は進んで発表しようとは思わない。逆にものすごくうまくいったと思うようなケースも、話そうとはしないもの。その理由は「せっかくケースを話す機会を得たら、何より自分がまだよくわかっていないことを少しでもわかりたいと思う」から、時間をかけてまとめてみようとするのでしょう。つまり話すのは自分自身のそのケースへの理解を深めるためにであり、担当しているクライエントに益するためにであり、自分がこのケースを続けていく意欲がわき、希望がみえてくることを期待して、ということだと思います。とはいえ、一生懸命に関わったケースであればあるほど、うまく伝わらなかったらどうしよう？と震えるものだし、誤解されたらどうしよう？　と恐ろしくもなるものです。

ケースを語るということは自分を語ることそのものです。でも、得られるものがあるから怖さを越えて人は頑張るのです。

それに対して初学者たちは一体どういう姿勢でその発表を聞いていたか。彼らの反応を聞く限り、私は学生たちはドライに自分のあたまだけをつかい、自分のなかに知的に起こった疑問を解消するための問いしか発してないように感じました。それは自分がすっきりするための質問で、自分がわかって満足すればそれでいい、というようなものでしかありません。ですから発表しているセラピストのために、さらにそれがそのクライエントに還元されてゆくようなメッセージには全然なっていないように感じました。さらに厳しくいうなら、与えられたものをただ傍観者的に聞いているだけの受け身的な姿勢で、先輩セラピストがいかに大変な思いで大事なケースを自分たちに語ってくれているか、ということを想像する雰囲気はまったく感じることができませんでした。つまり自分のこころで聴いてはいないのです。でも、もしかしたら私の受けとめ方が意地悪なのかもしれません。彼らは本当はいろいろなことを受けとめたものの、どのように表現したらよいかがわからなかったので、あたまのなかに浮かんだメッセージをとりあえず発したのかもしれません。とはいえここで生じた問題は、考えてみればそうなる可能性は十分にあったので、このアイデアを思いついた時に私が気づくべきでした。その点は多いに反省です。

では初学者はどのようなことをこころがけてケースを聞いて対応するとよいのでしょうか。私は彼らがまず第一に、あたまだけをつかって客観的に外から情報を内にとりこむ知識の吸収という方向性をいったん停止させようとしてみることが必要であり、次にからだとこころとあたまをフルにつかって、ケースをまるごと全身で聴くようにしてみようとすること、だと思います。こういうギアチェンジが必要なのです。それが「こころで関わりこころをつかって聴く」ということ。心理治療とはあたまだけをつかって表層的に生きているふだんの私たちが、もっと自分の深いところにある無意識の世界とつながり、無意識の世界をも含めて人が生きようとすることへの伴走です。セラピストを志すなら自分が自分の深いこころの内側に近づいてゆくことが必須なのです。このギアチェンジを試みることで、彼らはケースを聞きながらセラピーでセラピストがクライエントの話を聴く時の姿勢を擬似的に体感しつつ、学ぶことができるのではないか、とも考えました。

ちなみに、この私の感想を学生たちに伝えたところ、それ以降の彼らのケースの聞き方は、もっと悩みながら自分にひきつけて聞こうとする人間らしいものになりました。

内側に起こるかすかな揺らぎに注目してみる

感じる世界の大切さ

私たちは人の話を聞いていると、しばしば「え？…」「ン？…」あるいは「………」、つまり「え」にも「ン」にもならない、泡のような感覚というか感触のようなもの、といった、何かが自分のこころのなかにひっかかり、でもそれ以上その時にはよくわからず、ことばにならない体験をもつ、ということがあります。これは、するするっと沁みこむように相手の話が自分のなかに入ってくる時には起こらない体験です。でも、いつも何もひっかからないはずはありません。だから「ないわけがない」のです。この小さな違和感（？）は、相手との関係のなかでわきおこったもので、自分のなかの何かが刺激され、こころが動いたという証です。でもこの「泡のような何ものか」はこころのなかでうまれた、かすかな揺らぎでしかなく、何の意味もないのかもしれません。そしてそれは放っておけば、やがては消えてしまうのです。

わが国は知的能力、つまりあたまがよいことに絶大な価値を置いていて、こころの領域に含まれる感じる世界、情緒的な世界は長い間、価値が低いとされてきました。情緒の世界が人間にとっていかに重要な役を担っているかがわかってきたのは、それほど昔のことではありません。またからだもあってあたり前というように、やはり高く評価されているとはいえません。実際にはからだがあって、そのなかにこころとあたまがはいっていて、この３つの部分がそれぞれつながりをもって行き交いながら機能しつつ、全体としてまとまって「自分」ができているのです。深いところで自分の気持ちや感情、あるいは感覚と自分自身がつながっているから、私たちのこころは全体性をもって動くのですが、先の片寄った価値観のもとでは、あたまとこころとからだはそれぞれバラバラに分断されています。感情や感覚・情感といった感じる世界とつながっていないあたまはこころの動きと切れているので、いわば無機的な知の世界です。それはいのちとつながっていない、いのちの鼓動の感じられない無機的な知の世界。一方セラピーで役立つのはそれとは逆の、情感をたっぷりと含みこんだ有機的な知の世界。すなわちあたたかな血のかよっている知の世界です。もちろんからだからのメッセージも同じように大切です。からだはこころやあたまとは違って一番生物的な領域なので、本人が無理をしすぎてこのままではつぶれてしまうというような場合には、高熱を発したり激しい頭痛をひきおこして動けないようにさせてくれます。このようにしてからだは本能的にその人を守るのです。それ以外にもからだを介して人はたくさんのメッセージをうけとります。このようにからだもこころも、その人が自分らしく生きてゆけるように、あたまと一緒に助けあいながら働いているのです。

でもわが国の教育はからだやこころと関係なく、あたまにだけに働きかけ、一方的に知識をつめこんでゆきます。このような教育のもと、人々が心理治療でマニュアルやプログラムを学んでそれを相手に適用すれば改善する、と考えるのも無理ないことかもしれません。とはいえそこから抜けだしてゆかなければ、本当に役立つセラピストにはなり得ません。私たち「こころの手あて」に携わる者は、目にみえない世界ときちんと向きあう、つまり目にみえないものを「ない」ことにせずに自分が自分に向きあい、相手に向きあおうとするのが仕事です。無意識の世界に対して自分が開かれてゆき、そこからのメッセージを受けとる第一歩は、自分のなかにざわめきが起こったら、そんなものくだらないし、どうでもいいことだろうと自分でないことにしたり、急いで説明してまとめてしまおうとせずに、そのままこころのなかに置いてコロコロ転がして抱えておくことです。そうするとある時「ああ！　私はこういうことにひっかかっていたんだ」「私が……って感じていたのは、こういうことだったんだ」と、わかる瞬間が訪れることがあります。ただ「この時」（これだとわかる瞬間）が訪れるためには、自分のなかにわきおこった感触を自分でつかみたい、わかりたい、という意識が強く自分のなかにあることが不可欠です。つまり、自分でちゃんと自覚しておき、あたまの片隅において時間をかけて抱え続けてゆくのです。そうすると次第に漠然としていたものが姿を表し、輪郭が見えてきます。これが感覚で触れたものをつかんでゆく、つまり「自分なりにわかってゆく」道のはじまりです。

感じることとそれを自覚すること

もう少し別の角度からこの問題を考えてみましょう。私の箱庭療法の師である三木アヤ先生は「自分が（意識で）わかっているものは箱庭に置く必要はない。わからないからパーツを置くのよ」とよく言っていました。たとえばある人が大きな一本の木を箱庭の中心に置いた時に、本人は何で自分がそこにそれを置いたのかはわからないけど、何かを感じたからその大きな木を置いているのです。ここでは「感じること」が大事であって「わかること」は次点の問題。三木（1977）は箱庭を置く時には、自分の「感覚によって自分がきめていくもの」と「イメージがあること」の両方の調和がとれていることが大事であると言っています。さらに三木は「感じたもの」を意識でつかむためには、自分がおいた箱庭のパーツをすべてつかって、ものがたりをつくることを勧めています（田中、2018）。ただ感じるだけではだめなのです。感じたものを自分の意識でつかまえようとするから、自分のものになるのだし、それを人ともわかちあうことができるようにもなるのです。この両方ができてはじめて、私たちセラピストは、自分のこころをつかってこころで関わることができるようになるのです。

私の工夫――イメージを味方につけて

では私はセラピーのなかで感じたことをどのように受けとめ、相手を理解してゆくかという実際を描いてみましょう。ことばにならない世界に触れてゆくために絵画療法や箱庭療法などといった非言語的アプローチがあります。私はそれらも積極的につかっています。でも非言語的アプローチに頼るだけではなく、ことばでやりとりする世界において、どのようにことばの奥にある、ことばになりにくい感触や感覚を受けとり、それをことばにおきかえてやりとりしてゆくかという能力は、心理臨床の基本です。

まず私は、私（セラピスト）と相手（クライエント）という２つの隣あった国があると考えます。２つの国は別々に存在し、それぞれのいとなみをしてきています。セラピーがはじまって私が相手と関わるとき、私は両国の間にある境、いわば自分の側の国境の警備を緩めて、互いの間を人々が自由に行き来できるようにイメージします。こうするとあっち（クライエント）の気持ちや思いがこっち（私）のからだとこころに流れこんできます。それは私のなかで自分のものとは違う、異質なものです。ですからそこをていねいにみてゆけば、相手を理解することが可能になってくるはずです。とはいえ、もちろん目の前にいるクライエントとの直接的なやりとりが一番大事です。やりとりがスムーズに流れていて、互いの思いや気持ちが行ったり来たりしながら理解が深まっていくとき、つまりおちついて話ができている時には、この違和感を積極的に活用する必要はありません。その反対にやりとりが見えにくくなったり、何かがずれてきたり、こちらが相手に嫌な気持ちをもったり、というような「何か」が起こった時にこの違和感が役立ちます。

これをめぐって一番厳しい例をお話しましょう。それなりに信頼しあう関係が私とクライエントとの間で育ち、相手の抱えている課題やテーマがみえてきたある日のセラピーで、相手がどう考えてもメチャクチャなことを言ってきて、私がうまく受けとめることができない状態に陥ることがあります。相手が弱っている時に起こりやすいのですが、なぜそんなことを言われるのか、その時にはよくわからず、途方に暮れてしまいます。一方的に責められ、あしらわれると混乱するし、腹もたち、がっかり感で気持ちが挫けてしまいます。このように、クライエントから破壊的なものを関係のなかに投げ込まれることは、セラピーにおいてしばしば起こります。多くの場合、セラピストはそのことで深く傷つき、こころが動かなくなります。でも、そのままだとセラピーは進みません。これはその人がもっている問題の核、苦しみの根があらわれた瞬間です。ですからものすごく大切なのです。私はこういう時、自分の気持ちから逃げずに、まっすぐに向きあおうとします。わからないから、わかろうとするのです。そのためにはただの人としての自分の反応がもっとも大事。それは専門性と関係ない、知的操作もしない、素の自分の反応です。まずはわけがわからず悔しいし悲しいので涙があふれてきます。あたまのなかでは言われた言葉がぐるぐる周り、それに対する私の反論が知らず知らずのうちに口からもれ、「キライダ〜」「もう二度と顔なんか見たくもないよ〜」といった子どものようなセリフが掃除をしながら、お鍋を洗いながらぽんぽん飛び出すこともあります。もちろんそんな自分に自己愛はぼろぼろ。だいたい相手は苦しくて相談に来ているのに、その人に対して私が今吐いているのはひどいセリフ。そんな私は治療者の資格もないと自己嫌悪の極致です。自分は何て器が小さいんだろう、と悲しくもなります。これはつまり、相手を攻撃しながら同時に自分自身をも攻撃しているということです。

でもこうして人としての自分の気持ちをごまかさず、徹底的にその感情のるつぼのなかに留まっていると、やがてふと「あぶく」のように何かが自分のなかからぽっかりと浮かびあがってくるのです。あるときは刀で真っ正面から私が相手に叩き切られたイメージが浮かびました。圧倒されつつしばらくたつと「まっすぐすぎる」ということばが浮かんできました。そこでこのイメージとことばをこころのなかで味わっていったら、「あの人はあまりに『まっすぐすぎる』ので生きにくいんだ」ということばがうまれてきました。このクライエントは誰かと仲良くなると、自分にも相手にも「余裕のまったくないまっすぐさ」を求めます。例えば自分のことを受けとめてくれるなら、どんなことでも一点の曇りなく受けとめてくれるべきだと考える。でも実際にはあたまでわかっても気持ちがついてゆけないことも多いもの。まっすぐさだけでつきあうことは不可能です。この人自身、状態が安定している時にはそこまで「まっすぐ」でなくても落ち着いて人と関わることができるものの、こころ細さやひとりぼっち感が強烈に触発されると、それがひき金となって相手に「まっすぐさ」を求めて関係が破綻する、というカラクリがあるのではないか……というように考えてゆくことができました。ここまで冷静に理解できてくれば、このことを本人と話しあいながら、その人をがんじがらめにしているカラクリから自由になってゆく道を一緒に模索することが可能になります。いえ、それまでも一応知的にはわかっていたつもりです。しかしこれによってその「まっすぐさ」を求めることが、どれほどつらくしんどいことかを、私は文字どおり身をもって体験しました。「からだでわかった」ということです。そこが大事。そのために私は自分の情緒がうけとめたメッセージを、のたうちまわりながらも理解できるところにまで翻訳しようとするのです。この作業によって私は相手の問題に一歩近づけるだけでなく、相手の苦悩への理解と共感をより深めることができるように思います。ちなみにこの理解は私のこころのなかの動きとして相手に伝えるので、相手は非難されたり責められる感じはなく、おちついて自分の問題を外から眺めることができます。これは逆転移の活用といわれている文脈で、私の本（田中、2021）の第２章に実際のケースを用いて詳細に描いています。自分がちゃんとひっかかっていれば、かならず何かがあぶくのように自分のこころのなかから浮び上がってくるのです。

またこころとは別にからだが教えてくれることもしばしばです。私は吐き気や左足が動かないといった身体的な不調を呈すると、最初のうちは自分の具合の悪さだと捉えていました。でもある時「ああ、これはあのクライエントと同じ症状だ」と気づいてびっくりしたことがありました。その人の身体症状を私のからだがそっくりそのままひきうけることで、「この人のことをもっとよく見て」とからだも私に注意を喚起させていたのです。そう気づいて以降は、私は自分の身体症状を観察して、いま自分が誰のことを気にかけているのか、気にかけるとよいのかを把握するようにもなりました。

さて私は先に「あぶく」のようにイメージやことばが浮かんでくるとお話ししました。私はとにかく、わきおこってきたことばを片端からメモに書きとめます。メモ帳は私の机の上、カバンのなか、枕の下などどこにでも置いておきます。駅での待ち時間や電車にのっているとき、道を歩いている時など、ちょっとでもあたまが自由なときには何かしらが浮かんできます。考えるでもなく考えているという状態です。それが消えてしまう前に必ずメモるのです。そうすると次に、自然にその次のことばが浮かんできます。こうしてゆくとことばとことばがつながり点が線になり、やがて面（文章）になってゆくのです。それによって自分のなかに漠然としたものでしかなかった思い、感触が「これだ」「こういうことだ」ということばにまで変わってゆくのです。私はこのような訓練をつづけることで、自分の感覚や感触という、感性のレベルでつかんだものをある程度、ことばにおきかえることができるようになってきたと思います。自分自身の無意識の世界と意識の世界の疎通性が少しよくなってきたということでしょう。日頃から訓練していくと、自分の気持ちの動きとしてとらえたものを、少しずつことばでも捉えることができるようになるのです。

「ことばはもともと魔術でした……ことばは感動を呼び起こし、人間が互いに影響しあうための一般的な手段なのです」とはフロイト（1977）のことばです。私たちのこころのなかには、さまざまな思いや考えがくっついたり離れたりしながら雑居しています。それはまだ、ことばにならないフィーリングや雰囲気のようなもの。それをざっくりとあるまとまりとして、束にしてすくいとるためにはイメージの力が必要です。イメージを味方につけながら、それを何とか「あることばのまとまり」に収斂させてゆくのです。ことばは本来、こうして生まれてくるのです。私たちが語ったり文字を読んだりすることで、自分のなかに変化が起こったり、相手との関係が変わったりしてゆくのは、伝達手段であることばそのものが生きているからなのです。こころの治療におけるセラピストとクライエントとの間でなされる対話は、このような「いのちをもったことばをつかったやりとり」です。そこでは、ことばとことば以外のメッセージが混じりあい、絡みあいながら、あふれるほどのイメージが自分と相手の間を行き来しています。私たち心理治療者は、相手を理解するために自分のこころを積極的につかうことによって、はじめてこのようないのちの通ったことばを手にいれることができるのだと思います。

対面面接とオンライン面接を比べてみると

さて、このいのちの通うことばのやりとりということをめぐって最近、ある事態からあらためて考えさせられることが起こりました。新型コロナ感染症の流行によって直接の対面面接のかわりに登場した、オンライン面接などでの関わりです。私自身は授業でオンデマンドやオンラインを経験したことで、自分がいかに相手のことばだけでなく、そのことばが発せられるからだの動き、特に顔の表情をとりこみながら相手のことばを聞き理解しているか、ということにあらためて気づかされました。正直そんなに自分がことばを受けとる際に、そこまで周辺情報に頼っているとは思っていなかったのでびっくりでした。ですので私自身はオンライン面接は行っていません。セラピーは電話面接でつなぎながら、可能な範囲で対面面接を行ってしのいでいます。でも今後世間では便利であることも手伝い、オンライン面接がどんどん普及してゆくことでしょう。ある先生は、オンライン面接しか知らずに育つ心理臨床家がふえてゆくだろうし、オンライン面接ができる者が勝ち組である、というような空気さえ漂う時代がすぐそこに来ている、といっています。私もそう思います。そこで私自身の経験をもとに、このコロナ禍で活躍した、いくつかの面接方法をこころをつかうという視点から考えてみたいと思います。

相手が見えない状況で――電話面接

まず私がコロナ禍で最初に開始したのが電話面接でした。電話では相手の顔は見えず、声が聞こえてきます。声だけが相手の状態を把握する頼りなので、対面よりもずっとエネルギーをつかうむずかしい面接です。ただ私は、一度も会ったことのない相手とではなく、対面で会ってきた人とだけ電話で話しています。ですので私のからだのなかに、相手の雰囲気がたっぷりととりこまれていて、こういうことを語るときはどんな感じなのか、というイメージがありました。そのため、相手の声を聞きながら私は今しゃべっている人のイメージをあたまのなかで立ち上げ、それを手がかりに相手の話を理解しようとすることが可能でした。

電話面接のむずかしさは声だけが頼りですから、聞きとりにくいと大変苦しくなります。ビジネスの電話なら、聞こえにくければもっと大声で話してくださいと依頼することは可能です。でも心理相談の場合は微妙です。これは電話機の感度の問題であり、声を大きくとお願いしても内容への影響はあまりないだろうと判断できればそうお願いします。ところどころ聞こえない場合は、そこだけくり返しをお尋ねすることはあります。一方ふだんは聞きとりやすい人でも、自分の内側を向いてしゃべっている場合には、外に向かう声は聞きとりにくくなります。この場合声を大きくしてと依頼したら、自分の内側を向きつつ語ることができなくなるので、相手は苦しくなるでしょう。こんなとき私はきちんと聞きとりたいという思いと、だからといって相手のこころの動きに水をさしたくない、という両者の間で板挟みになります。折衷案として私は音量はそのままで「想像力を思い切り働かせて聞こうとする」ようにしてみました。具体的には声のトーンにその時々に聞こえてきたフレーズをパズルのように組み立てていって話の概要を推測してゆくのです。たとえば全体は悲しいトーンで抑鬱的な状態を呈しており、「あの娘が……」というフレーズが聞こえ、次に腹をたてているように怒っているような雰囲気のなかで「またくすりを……」と、しばらくすると「電話がきて」が聞こえ、そこからちょっとやわらいだ感じで「助かって……」というフレーズが聞こえてきたら、おそらく娘さんがまた大量服薬をしてしまった、でも今回はこれまでと違ってすぐに連絡をしてきてくれた、それはよかった、というような内容ではないかと想像するのです。電話の最後に私は今日の話について、自分なりに何とか受けとれたと思う部分について、感じたことや考えたことを必ず伝えるようにしています。そうすると相手は「楽になりました。ありがとうございます」と、やわらかい安心した口調で電話を切られます。このことばからおそらくは、私の理解はそんなにはずれてはいなかったのだろう、と判断しつつほっとするのです。

ここで私が使っているのは、聞こえることばだけではありません。もちろんことばがしっかり聞こえれば間違った理解にはならないものの、そうはいかない場合には、いろいろな工夫が必要です。イメージで補うとか、私がしたように相手の気持ちを思いめぐらしながらことばを載せて把握しようとするのもひとつでしょう。でもこちらの想像力を働かせることも不可能なほど聞きとりにくい場合は、電話機の調子が悪いせいでほとんど聞きとれないということを正直に伝えます。それは状況を斟酌する範囲を越えていて、相談が成立しえないと判断したときです。その結果、その日の電話面接をおしまいにする場合もあります。約束したから電話に出て、ただ話を聞く時間をつくることだけが治療ではありません。一番大事なことは、相談したらちょっと軽くなったとか楽になったとかいうように、何かしらよい感じが残ることなのですから。

見えてはいるものの中途半端――マスクをしての対面面接

電話面接とは違って顔は見えているものの、顔の半分が隠れているのがマスクをしての対面面接です。この場合は相手の全体像は一応は見えています。からだは目の前にありますし、顔も目のあたりの上半分は見えています。ただ顔の下半分の口まわりだけが見えないというのが特徴です。ですからマスクをしての対面の場合は、電話面接のように姿がまったく見えないときの工夫とは違ってくると考えられます。

このことをめぐって私はちょっと面白い体験をしました。私は後期に10名程度で行われる大学院の対面授業を開始しました。それは「初回のワーク」をするという授業で、一組の院生がセラピストとクライエントになってフルセッションを展開した後、私がそれについて解説し、その後フロアーにいる院生たちに勝手にしゃべりだしてもらうようにしました。なので声がすれば私はそちらの方向に目をやり、耳を傾けます。ところが、私が「この人が話しているのだろう」とある人をみつめてもしばらくすると違っていて、あわてて周囲をみると、隣にいる人とかすぐ後ろの人がしゃべっている、ということがしばしばありました。つまり私は声のする方向を特定させることはできるものの、個人を特定させるのがむずかしかったのです。というのもそれは修士1年生の授業だったので、私は彼らをほとんど知りません。しゃべる雰囲気や声の調子といった手がかりがない上に、マスクをほとんど動かさないでしゃべるので、見分けることができなかったのです。でも、授業が進むにつれて個々人の特徴がつかめてきたら、この失敗はなくなりました。ここから見えてくるのは私たちはやはり、口が動き口元が見えることで「その人が話している」ということを認知することができるという、あたり前の事実です。これはつまり、マスクで顔の半分を覆ってしまうと、大事な情報が欠落するということを意味しています。

もし誰が話しているのか全然わからないままに質問なり感想が終わったら、私はきっと困惑し、誰がしゃべったか手をあげてもらってはっきりさせた上で、再度話をしてもらったと思います。一般的な問題に関する議論なら、相手が見えなくても関係ないかもしれません。でも今まないたの上にのっているのは、目の前で展開されているこころの相談についての話です。その人がなぜそれを問うているのか、何がどうひっかかったのかといった微妙なニュアンスを含めて、私たちは相手のことばの意味内容を把握しようとするはずです。何より相手が見えれば安心します。つまり私たちは声で発せられることばだけから内容を受けとるのではなく、その人の表情や身振り、さらにはその人の全身からかもしだされる雰囲気などを総合して、話を受けとっているのです。

通常、私たちがセラピーでマスクをつかって対面面接をしている場合は、相手は目の前にいるし、互いに見知った関係なので、それほど見当違いな受けとりにならないですむことが多いようには思います。しかし実際には、しゃべろうかやめようか迷う時に現れる口元のためらいや、相手の受けとめが違うと感じた時の口元のゆがみ、あるいは何だか先生がベラベラしゃべって飽きたなあとぶつぶつ言ったり、出てきたあくびをかみころすというような口元に現れる語りは、残念ながらマスクで覆われて見ることができません。ですからこの、マスクに隠されているが故に見えないものがある、ということを自覚しつつ、対応する注意がこの場合には必要でしょう。たかがマスク、されどマスクということです。

顔は見えているものの——オンライン面接

電話面接では相手がまったく見えないという問題があり、マスクによる対面では顔半分が見えない、という問題がありました。でもオンライン面接はその両方の問題を解決しています。というか、解決しているように見えますし、遠隔で相談ができるのは便利です。では問題はまったくないのでしょうか。

このことをめぐっても私は興味深い体験をしました。あるクリニックから事例検討会の講師を依頼されたのですが、少人数がフロアーにいて、同時に別の少人数がオンラインで参加するという２系統の参加形態にして、いったい何がどう違ってくるのかを検討したい、という申し出をうけたのです。提案された先生は、オンラインでの事例検討会が今後増えるだろうが、得られるものと失われるもの、その双方をきちんと明確にしておく必要がある、ただオンライン面接がはやってしまうのはよくない、ということを考えておいででした。この提案は私も重要だと考えたので、コメンターとして参加しつつ、ケースに対するコメントを両方の参加者から聞きました。発表されたのは過酷な人生をたくましく生き抜いてこられている極めてむずかしいケースでした。ですのでセラピスト自身もまた、どうしたらよいか常に悩み、情緒的に大きく揺さぶられ、迷いながら対応されていました。その発表に対してオンラインで検討会に参加してくださった先生方はみなさん、ケースの中身、つまり何がどのように行われたかという、どちらかというと知的に受けとめたことをコメントされていました。一方フロアーでナマでこのケースを聞いた先生方は、ケースの中身よりもまず生身のセラピストへの人間的な共感やねぎらい、思い入れといった感想が熱く語られていた、という対比が明確になる結果となりました。

この興味深い結果に、私は何が起こっているのか考えてみました。フロアーに集まった先生方もオンライン中継を聞いてくださっていた先生方も、そのクリニックの親しい仲間で同じ文化を共有しているとのこと。だとすれば結果の違いは、じかにそこにいてケースを聞いているか、間接的にケースを聞いているか、ということによる違いということになります。ここから見えてきたのは、オンライン面接で間接的にケースを聞くと、ナマであればまっすぐに入ってくるその発表者のこころの揺らぎ、つまり腹をたてたり気持ち悪くなったり、ほんわかしたり、落ち込んだりといった、そのケースの進展と共に連動して動くそのセラピストの情感や情動の部分が切り落とされてしまい、このケースで何をしたのかという、いわば認知的な側面ばかりが強調されて受けとられる可能性がある、ということだと思います。画像というフィルターをいれると、語っている人のこころとからだがこちら側と切り離され、あたまだけがフィルターをとおりぬけて動くことになりやすい、ということです。いえ、もちろん中身の検討は重要です。しかしその前に、そのセラピストのセラピーに傾ける心理的コミットを抜きにして中身の検討はありえません。それがないままに知的な理解ばかりが話しあわれたら、セラピストがこのセラピーを頑張ろうという意欲はでてこないだろうと思います。

以上のことから便利で気軽にできるというのがオンライン面接の利点だとすれば、じかに人と会えば自然に受けとることのできる情緒的なサインを大幅にとりこぼしてしまうというのが欠点である、ということが見えてきます。相手の訴えの認知的な側面だけに気持ちがゆき、セラピストのこころをつかってこころで聴くということが失われる、ということです。ですからもし最初から対面面接ではなくオンライン面接をするセラピストは、この欠点を自覚しないままセラピーをすれば、きわめて浅く表面的なセラピーをすることにならざるをえません。でもだからオンライン面接が駄目だと私は言いたいのではありません。遠隔でもセラピーができるというのは利点です。現実的な問題を話しあう会議などでは、オンラインは欠点よりも利点のほうが大きいものの、こまやかな情感の受けとりが大きな意味をもつこころの世界では、欠点をわかったうえでそれを補うような工夫をする必要があるだろうと言いたいのです。これに関してはまだ、気づいていないことがたくさんあるのだろうと思います。

さて、ここまで私は「こころをつかうことをめぐって」、それが一体どのようなことなのか、それをセラピーで使えるようになるには、どのようにするとよいか、ということをできるだけ具体的に描いてみました。私がこころをつかう、という表現であらわしているのは大きく２つにまとめられます。１つめは、セラピストとクライエントの関係は専門性や技法的なものが介在する前の、人と人との対等な関係であるということです。私の心理治療の師である神田橋條治先生は、「人と人とが会っている、ということは、何よりもただの人とただの人とが会っている、という関係が基盤になくてはなりません」と分析ノートで語っています（田中 2021、148 頁「肝心なところは〝横並び〟の関係で」)。素の人として正直に、まっすぐに相手と向きあうということです。２つめはこころをつかうということは、あたまとからだとこころという自分のすべてをつかってまるごと関わる、という意味だということです。オンライン面接のように機械を用いたセラピーが流行っていくであろうことが想像される今日、あたまだけが突出してつかわれるようになり、無機的な知的関わりになってゆく危険があります。ですからこの部分について、あらためて心理治療とは人がまるごと、全身で関わるものであるということをふり返ってみつめてみる必要があると私は考えています。わが国の心理治療が効率や目にみえる成果を一層重視するようになると、感覚とか気持ちといったよくわからない領域は一層置き去りにされてゆき、こころをたっぷりとつかった関わりなど時代遅れの産物といわれてしまいそうです。ただ流行にのるのではなく、いかにあたたかな血の通いあうこころのつながりをセラピストとクライエントがもちながらセラピーを営んでゆけるか、ということが今後のわが国の心理治療の課題です。いま心理治療を求める人が多いのは、どのようにしたら自分のこころとむきあい、より豊かな自分として自分らしく生きることができるのか、そうやって生きてゆきたいということを多くの人が希求しているからなのかもしれません。だとするなら一層、利便性や手軽さにおもねるのではなく、実際の心理臨床の世界がそれに応えることができるように、私たちも自分たちのこころをしっかりみつめ磨いてゆきたいものです。

本書と本書のメンバーについて

本書は内海新祐さんの発案で、東京大学大学院で心理治療を一緒に勉強した元『田中研究室』(通称田中研)の院生のなかの有志が、自分がいま感じたり考えていることを論考にしたものです。ちょうど彼らが現場に巣立って10〜20年、彼らが自分の心理治療の道をどのように手探りで歩いてきたかをふり返り、今一番熱く考えていることを各自書いてみようとしたものです。統一したテーマはきめませんでしたが本を企画した時、みんなが共通して熱く語ってくれたことがありました。ひとつは私が著した『心理臨床への手びき』に魅力を感じ、こういう臨床を学びたいと思って集まってくれたこと、もうひとつはここで私が描いている「こころをつかう心理治療」を志したいと思ってくれたということです。そこでこの2つを本書のタイトルにつけました。読んでいただけるとわかりますが、もっと格好つけようと思えばできるだろうに、みな自分に正直です。このように真摯な姿勢で自分にむきあい、相手のこころの響きを受けとめながら対話してゆく、これが「こころをつかう」ということです。

もちろん彼らは心理臨床の技法も理論も熟知していますし、それを治療に使っています。でも心理治療とは技術の前に人と人との関わりが基盤にある、ということを本書は示しています。

実は私は、この大学から教員として招かれたとき、私の治療の師である神田橋條治先生から「あなたは大学に行くといい、あなたのような人が先生になるのがいいのよ」と言われて、ものすごく嫌だった記憶があります。現場の臨床家にとって教師が似合うといわれるのは、教師になる程度の臨床能力しかないと言われたに等しい、とひねくれて考えていたからです。あれから20年。引退する今、あの時の神田橋先生のことばは、現場を熟知していて、実務をきちんと語ることのできる人が学生を指導するのがいいんだよ、という意味だったと素直に思えるようになりました。ずっと現場の臨床家でいたかった気持ちは今でももっていますが、教師にもなったのは大正解でした。教師になったから、私はものをもっとずっと深くつきつめて考えるようになりました。「このことは、あのことはどう考えたらいいの？」と次から次に押し寄せる院生たちの鋭く本質をつく質問の嵐に、私は寝る間も惜しんで考え抜きました。ケースの話を聞きながら、次から次に想像力をふくらませて連想する能力は、彼らとの関係のたまものです。私のこころに響き、感覚でつかんだものをことばにしてゆく能力は、田中研の学生たちからの問いかけによって、磨きぬかれてゆきました。そしてこの能力は間違いなく、私のセラピーに還元されています。学生とのつきあいで一番得をしたのは、私のクライエントたちでしょう。このように私が学生を育てながら自分も臨床家として学生に育ててもらったという思いが、5年前に学習院大学からのお誘いを受けたとき自分のなかに蘇りました。若い学生たちに私の治療を伝えることで彼らに何かが響いたら、私の心理治療が私の個人的体験としてだけで終わるのではなく、継承されてゆくものもあるのではないか、それはきっといいことだろうと思い、ふたたび教員になりました。これも私には大正解でした。治療と教育は同じもの。相互補完的なものなのです。

私は自分の軸足を臨床現場におきながら、大学の専任教員として学生たちと四つにくんでつきあえるという稀な幸運を得ました。私のようなスタイルで臨床現場と教育現場をいったりきたりする人たちがどんどん増えてゆくと、学生たちがよりなまの心理治療を肌で触れ、感じることができるのではないかと思います。それは学生にとってよいだけでなく、セラピーをうけるクライエントに還元されますし、さらにはその教員のセラピーの腕をあげるものになるはずです。

〔文献〕

フロイト・S（高橋義孝／下坂幸三訳）『精神分析入門』新潮文庫、1977年
田中千穂子『母と子のこころの相談室―関係を育てる心理臨床』医学書院、1993年
田中千穂子『乳幼児心理臨床の世界』山王出版、1977年
田中千穂子『子育て不安の心理相談』大月書店、1998年
田中千穂子『心理臨床への手びき―初心者の問いにこたえる』東京大学出版会、2002年
田中千穂子「意識的語りと無意識的語りをつなぐもの」（蘭香代子・大須賀隆子編）『童話療法の展開』ゆまに書房、2018年
田中千穂子『関係を育てる心理臨床―どのようにこころをかよわせあうのか 専門家への手びき』日本評論社、2021年
三木アヤ『自己への道―箱庭療法による内的訓練』黎明書房、1977年

第II部

「こころをつかう」実践

こころが動き出すとき、何が起きているのか

菅沼真樹

『心理臨床への手びき―初心者の問いに答える』（田中、2002）の「あとがきにかえて」には、次のように書かれています。田中先生が学生に語っていることの中には、それまでに先生が学び、教わったものが血肉化され先生流に解釈されて使われていることがあるとした上で、「言葉には翼があり、言葉は自由にどこにでも飛んで、そして降りてゆきます。私の言葉にも小さな翼がはえているといいなー……と思います。」（p.218）と。

本稿では、田中先生から教えていただいたことに私がどのような私流の翼をはやし、セラピストがこころをつかうこととクライエントのこころが動き出すこととの関係について現在どのようにとらえるに至ったかを、その臨床を始める前にまで遡って考えてみたいと思います。

『心理臨床への手びき』から始まって

『心理臨床への手びき』は、大学院の授業でのレポートが「学生のコメント」として引用され、それに対して田中先生が答える形で書かれています。大変幸いなことに、先生が大学へ着任されて教師としての歩みを始められた最初の数年間を、私は学生の立場でご一緒させていただきました。私もこの手びきにレポートを引用していただいた「初心者」の一人でした。先生はご自身の臨床経験から生み出された知を、決して押しつけることなく、しかしひたひたと、それがこちらへ届くときには立ち上る湯気が感じられそうなほどの情熱で教えてくださいました。それを受け取った私のこころは動かされ、度々感動を覚えま

した。大学というアカデミズムの世界で、これほどまでにこころを真正面から動かすことができたという経験は、こころをつかう心理臨床を目指す上での大切な出発点となりました。

「感動」をめぐっては、忘れ得ぬエピソードがあります。あるケースのスーパービジョンの最後に、私が「簡単にいうと、私はそのクライエントさんとの出会いに感動してしまったのです。」というと、先生は「そうだよね、臨床は感動だよね。臨床に感動がなかったら嘘だよね。」とおっしゃいました。私とクライエントとの1対1の個別的なできごとではなく、広く心理臨床一般のこととして返してくださったことは、私にとっては大変意外なことでした。なぜなら、先の私の一言は、「こんなふうに一個人として感動してしまうなんて、専門職としてはだめですよね」という羞恥心からの告白だったからです。この「臨床に感動がなかったら嘘」は、「臨床でこころをつかわなかったら嘘」、そして「専門職として出会う前に、一人の人として相手と出会いなさい」ということだったのではないかと、今は思っています。心理職としての歩みの初期に、感動という一個人としての肯定的なこころの動きをそのまま肯定していただけたことは、その後にこころをつかうことを迷いなく不可欠なことなのだと確信できるようになる上での原体験であったと感じています。

もう1つ、今も鮮明に覚えている当時のエピソードがあります。「プレイセラピーのロールプレイ」（『心理臨床への手びき』第2章）の授業でのことです。ある受講生がロールプレイをやってみての感想を語る中で、「医者は採血をしたり画像を撮ったりして患者を知ろうとするけれど、心理職は自分を丸ごとつかって、まるでベタっと粘土で型取りするかのようにして相手を知っていくのですね」とコメントしました。この「自分を丸ごとつかって」という言葉は、私にとても響きました。また粘土の型取りという比喩も面白く感じられ、授業後にも何度となく「どんな感じなのだろう」と一人でイメージを膨らませていました。自分を丸ごと粘土のように柔らかくして、相手の丸いところも尖ったところも細かな凸凹も丸ごと知りたいと思ってまず出会う、そのようなイメージをしては何だかワクワクしていたように思います。丸ごとで型取りするくらいですから、カチコチに冷え固まった粘土であるはずはなく、柔らかさの中に適度な温もりがあるのだろうなどと想像すると、人と人との血の通った出会いが連想されて余計にワクワクしたのでした。そして、後に私は医療現場で心理臨床に携わることになったのですが、「医者は採血や画像、心理職は自分を丸ごとつかって」というイメージは、私が多職種連携の現場において心理職の専門性を考えるときの１つの原型となっています。

こころをつかうようになるまで

私は、生殖医療現場での心理臨床に携わっています。赤ちゃんが欲しいと切実に願いながらも、それがなかなか叶えられない方々が訪れる現場です。この領域での私の道のりを振り返ると、「からだ」「あたま」「こころ」をキーワードに３つの段階に分けることができるように思います。それぞれの段階で大きな軌道修正をしてくださった田中先生の言葉を紹介しながら、私がこころをつかい始めるまでの道のりを振り返ってみたいと思います。

圧倒された「からだ」

私が生殖医療現場での職に就く前、隣接領域である周産期医療現場での心理臨床実践をいち早く始めていた友人が、当時の職場であったNICU（新生児集中治療室）を見学する機会を設けてくれました。何らかの病気や障碍をもって生まれた赤ちゃんたちや低出生体重児と呼ばれる小さく生まれた赤ちゃんたちが、懸命に生きよう、育とうとしている生命の現場です。見学当日は真冬で、寒い屋外から院内に入ると暖房が効いていました。NICUの入口に到着すると、外部の雑菌を持ち込まないために、履物を履き替え、白衣に着替えて、手指の洗浄と消毒をしてから中へと案内されました。赤ちゃんたちのためにNICU内の室温はもう一段温かく、照明は薄暗く設定されており、半袖の医師や看護師たちが忙しく立ち働いていました。「この子たちは回復期の赤ちゃんたち、この子たちはまだしばらく入院が必要な赤ちゃんたち、この子たちはもうだいぶ大きくなっているけれど院外での生活は難しくて生まれてから一度も外へ出たことのない赤ちゃんたち……」と、奥へ進むほど重篤な赤ちゃんたちがいました。

私は、病棟内を奥へ進むほどに心拍が早まり、頭がくらくらして、ぼーっとのぼせていく自分を感じていました。「これはまずい。一旦廊下の空気を吸って、水を一口飲めれば持ち直せるだろうか。いや、私のためにわざわざ時間を割いてくれているのに、『一旦休憩させてください』などとはとても言えない。NICUから一度出て、また戻ってくるということは、着替えや消毒を全てやり直すということではないか。そんなことはできるはずがない。折角の貴重な機会なのに、何て情けない。とにかく誰にも気づかれずに、見学を終えてここを出なければ……」。このように焦りながらも、ますますくらくらしていくばかりでした。

中でも、病棟の最も奥にいた「生まれてから一度も外へ出たことのない赤ちゃん」は、「赤ちゃん」というよりも「子ども」に近い印象で、それはそのままそのお子さんがNICUで過ごしてこられた時間の長さと過酷さを物語っていました。そのつぶらな瞳は愛らしく、それゆえにあまりにも重く、その圧倒的な現実を前に私は立ち尽くすことしかできませんでした。「この子は、空の青さも、太陽の温かさも、頬をなでる風の爽やかさも、生まれてから一度も経験したことがないのか……。このベッドから見える光景が、この空調や照明が一定に保たれた病棟が、この子の生きる世界の全てなのか……」。想像しようとしても想像しきれるはずもないそのお子さんの今日までの日々を思うと、私は文字通り気が遠くなっていきました。病棟の奥から出入り口へと戻ってくる道のりは、倒れずに歩くだけで精一杯でした。そして、何とか病棟を出て「では、詳しい説明は医局で」と人気のない場所へ移動したとき、とうとう私は倒れてしまったのです。

そのとき、くらくらしながら私の頭の中を駆け巡っていたのは、「忙しい勤務を調整して折角見学させてくれた友人に申し訳ない。厄介な見学者を連れてきたと、友人が他のスタッフから変な目で見られやしないか。医師も看護師も忙しく働いている現場で見学者が倒れるなんて、仕事の邪魔以外の何物でもない。第一、懸命に治療に臨んでいる赤ちゃんやご家族にとんでもない失礼なことをしてしまったではないか……」という、消え入りたいほどの申し訳なさでした。そして、「折角、隣接領域の生殖医療現場での仕事を紹介していただいたけれど、こんな私ではだめだ。務まらない。信頼関係の中で紹介してくださった方々に何と説明とお詫びすればよいか。『是非チャレンジしてみたい領域ですが、見学しただけで倒れてしまうありさまなので、残念ながら務まりません』といったところで、理解してもらえるどころか笑われるだけではないか……」。このような惨めさと敗北感があふれ、心底自分にがっかりする思いでした。

この惨めな出来事を田中先生に報告すると、「それは危機的な状況の正確な覚知だと思う」という予想もしなかった言葉が返ってきました。とても救われました。またそれ以上に、からだを丸ごとアンテナにして状況を読み取るというからだのつかい方があるのだということに気づかされました。当時の私は自分のからだに生じた異変を「まずい」と封じ込めようとするばかりでしたが、こうしたからだからのシグナルを自分のあたまやこころを用いて自己内対話するかのように生かせていたら、また異なる展開があったかもしれません。そして、この自分のからだを丸ごとアンテナにしてつかうことへの気づきは、後の臨床で自分の感覚を重要な情報としてクライエント理解に役立てるという視点につながっていきました。

また、先生は「脱力のレッスン」(『心理臨床への手びき』第4章)での私の様子を覚えていて下さり、「あなたのからだは柔らかかった」ともおっしゃいました。「脱力のレッスン」では、なかなか緊張が解けずに脱力しづらいメンバーも少なくない中、私は比較的容易に脱力できていたのです。こうしたワークを通して知った自分のからだの個性(柔らかさ)が、現実場面での自分のからだのありよう(危機的な状況を覚知して倒れる)につながっているということは、先生からいわれてはじめて気づいたことでした。

加えて、先生の言葉からは、「失敗したと思っても、ただめげて終わりにするのではなく、しっかりと立ち止まって深く内省し、何かをつかんで起き上がろうとするタフさを持ちなさい」という激励をも感じ取ることができました。

その後、私は大学病院の生殖医療現場で心理臨床に携わるようになりました。担当患者が妊娠、出産をして、その赤ちゃんが院内のNICUへ入院することになれば、私もNICUへ訪問し対応しました。しかし、もう倒れることはありませんでした。自分で自分のからだを「つかう」という感覚をつかむことで、「私」そのものが倒れてしまうことはもうなくなったのかもしれません。

圧倒されまいとした「あたま」

私が生殖医療現場での心理臨床に携わり始めた当初、体外受精をはじめとする生殖医療は現在ほど一般的ではありませんでした。そのような時代に心理職を最前線の医療現場へと招き入れてくれた医療者たちも、心理職に何をどうしてほしいのか明確にはなっていないようでした。一見すると生殖医療現場は、さまざまな医療技術を駆使して「結局赤ちゃんを抱いて家へ帰れるのかどうか」という「結果がすべて」の現場、妊娠というゴールを目指して患者もスタッフもすべてが進んでいく現場です。医師たちや看護師たちは日々忙しく、妊娠のメカニズムや不妊治療の概要などの基本的なことまでを患者に何度も一から説明する余裕はありません。ならば、患者が十分に理解できるようにゆっくりと時間をかけて説明をし、次の診察が進めやすいように補佐するのが心理職の仕事？それとも、「ドロップアウト」してしまう患者（まだ妊娠の可能性が見込める段階で治療を自ら終える患者）を励まして、もっと治療を頑張れるようにするのが心理職の仕事？いや、そうではないはず。医療的な内容を誤りなく説明するにはやはり医療者の専門性が必要だろう、新しい医療が目の前にあるからといってそれを利用するか否かは本人が決めてよいはず……などと、心理職としての自分の仕事は何だろうかと模索する日々でした。

当時、不妊治療に通う人々へ世間から向けられていた視線は、ものすごく特別なことをものすごくお金をかけて行う特別な人たちとでもいうような、今では考えられないほどにある種の冷ややかさを含むものだったと思います。私が出会った患者たちも、排卵誘発剤を１粒飲むにも「飲むべきか、飲まざるべきか」と逡巡し、「体外受精なんて不自然なことをしてまで赤ちゃんを欲しいと思うなんて、私のエゴ。神への冒瀆ですよね……」と面接室で涙していました。「何も大枚をはたいて、痛い思いをして、そんな不自然なことをしてまで赤ちゃんを欲しがるべきではないですよね。そんなことまでして赤ちゃんを諦められない私が悪いのです……」と涙する患者たちを前に、その言葉を字義通りに受け取るとすれば、「するべきなのか、するべきではないのか」「よいことなのか、悪いことなのか」に答えを出すことが相談を受けた者の仕事ということになります。

当時の私は、患者たちの言葉をそのままとらえて「べき・べからず」思考から抜け出せなくなることも少なくありませんでした。今思えば本当におかしなことなのですが、赤ちゃんが欲しいという願いを生殖医療に託そうとする自身を「自然の摂理に反する」「神への冒瀆」と涙する患者と二人きりで向かい合う面接室は、さながら懺悔室のようでした。患者を前に「この方は治療を受けるべきなのか否か」を私も真剣に考えてしまった瞬間に過るのは、「私は神でもないのに、何をやっているのだろう？私が『べき』と答えたら進んで、『べからず』と答えたら止まるのか？いや、そんなわけがあるはずもない！」という思いでした。驚いたことに、この「私は神でもないのに……」という思いが過る経験をしたのは、生殖心理臨床に携わる仲間たちの中ではどうやら私だけではないようでした。

「大枚をはたいて、痛い思いをして、不自然なことをしてまで」わが子を授かりたいと願う人たちには、たとえその人が涙していたとしても、ある種の気迫があります。気迫は「気」ですから、こころから発されたものであるはずです。しかし、彼女たちからの問いかけを字義通りにとらえて「べき・べからず」とあたまだけで答えようとするとき、「私は何をやっているのだろう？」と大いなる疑問符が付き、その食い違いの奇妙さに「私は神でもないのに……」と感じ、自分のあたまだけからひねり出したことのすべてをひっくり返したくなったのだと思います。

また、当時は私自身がまだまだ生殖医療の複雑さや新しさに圧倒されるばかりだったことも、「べき・べからず」思考にはまり込んでしまいやすい大きな原因だったようにも思います。いえ、自分が圧倒されていることに無自覚で、患者に対しても自分に対してもあたかも圧倒されていないかのように取り繕おうとした結果が、「べき・べからず」思考によってあたまだけで応答しようとするということだったのかもしれません。

当時の私は、当然ながら心理職としての仕事ができているとは到底思えずに、不全感を抱えていました。そのような私に、田中先生はスーパービジョンで次のようにおっしゃいました。ズバリ一言、「女性としての共感が第一」。そうです、私は心理職として医療の最前線へ招き入れてもらいながらも、肝心のこころをつかえていなかったのです。患者の言葉を字義通りにしか受け取らず、あたまだけで「べき・べからず」と返していたのですから。これでは無意味な問答を繰り返しているだけで、心理職の仕事をしているといえるはずがありません。

先生の言葉を受け取って私がまず思ったことは、「……やっぱり、そうですよね」でした。心理職なのだからこころをつかって仕事をすることはあまりにも当然であるにもかかわらず、改めて先生からズバリといわれるまでなぜ気づけなかったのか？なぜそこが揺らいでしまい、ああでもないこうでもないと自分の役割を模索していたのか？自分でも呆れる思いでした。と同時に、「なんだ、こころをつかってよかったのか。自分が感じたり思ったりしたことを生かしてよかったのだ」と、ほっとする思いもありました。そして「よし、心理の仕事をするぞ」と、自分の中でギア・チェンジが起きるのをはっきりと感じていました。

動き始めた「こころ」

先端医療の現場においても「女性としての共感が第一」、つまりセラピストという個人のこころをつかうことから全ては始まると確認できてからは、格段に安心して患者と出会うことができるようになりました。先生に保証されてはじめてこころを動かし始めることができたといった方がよいかもしれません。

それでもこの頃のスーパービジョンでは、次のようなことがありました。私が感じたことを言葉にして患者へ伝えようとするとき、「〜ではないでしょうか」と相手に投げかけるような言い方をしたことがありました。これに対して先生は、「『〜と私は思います』と言い切りなさい。『私』が思っていることを『私』がいうのだから正しいの。間違っていないの。」と、私の目を真っすぐに見ておっしゃいました。

この指導を受けて、なぜ自分が「〜ではないでしょうか」といってしまったのかを振り返ってみると、まるでその言葉の続きが聞こえてくるようでした。それは、「〜ではないでしょうか。……でも、これは私が感じたことに過ぎないので、正しい感じ方かどうかは分かりません。私は、自分の感じたことや思ったことに自信が持てません。ですから、私のこの感じ方を取り入れるか取り入れないかは、どうかあなたが決めてください。」自分のこころをつかって相手にメッセージを発する場面にもかかわらず、自分がその主体をごまかす言い方をしていることに気づかされ、愕然としました。私のごまかしを見抜かれた先生に、改めて敬服するばかりでした。

なぜ私は自分の感じることにまで「正しさ」を求めてしまったのか？あなたと私の今ここでのやり取りにおいて私が感じたことを伝えようとするときに、「正しさ」は必要なのか？「女性としての共感が第一」と先生に保証されることで動き始めた私のこころは、「『私』が思っていることを『私』がいうのだから正しい」と重ねて先生に保証されることで、他者（クライエント）と共有し得るものとなっていきました。この経験は、その後の臨床におけるクライエントと私の関係にそのまま引き継がれていきました。

セラピストのこころが動くと、クライエントのこころも動き出す

「自分がどうすべきか分からない」「自分がどうしたいのか分からない」というクライエントに対して主体的な意思決定を援助する場面は、さまざまな分野の心理臨床において経験されることでしょう。今日の多様性の時代にあって、意思決定をする上での苦悩の背景には、さまざまな事柄について何が「正解」であるのかが容易には判断しがたいという現実があると考えます。生殖医療の場合、それ自体が患者の意思によって開始される医療であるため、「次（の治療は)、どうしますか？」と患者は常に意思決定を求められることになります。そして、それが先端医療であるがゆえに、自らの選択が「正解」であるかどうかはまだ分からないということも少なくないのです。

生殖心理臨床は、患者の多くは20代から40代、目指すゴールは挙児というある意味で絞り込まれた領域です。ですからこの領域に長く携わっていると、まるで定点観察をしているかのようにはっきりと見えてくることがあります。それは、「常識」や「正解」は時代とともに変わっていくという事実です。これゆえに私は、あたまだけで導いた結論はあまりあてにならないと考えています。

かつて患者たちが「神への冒瀆」と涙した配偶者間生殖医療（体外受精など）は、今日では一般的な選択肢となり、その治療を受けること自体に苦悩する患者にはもうほとんど出会わなくなりました。かつては冷ややかなまなざしさえ向けられていた配偶者間生殖医療に挑む人たちは、今日では「苦労をしている人たち」「頑張っている人たち」と受け止められ、助成金制度の普及、さらには保険適用の拡大と、当事者たちを取り巻く環境はかつて予想もできなかったほどに変化しています。

一方、今、「べき・べからず」で苦悩する患者に出会うのは、第三者ドナーから精子や卵子の提供を受けて挙児を目指す非配偶者間生殖医療です。生まれてくる子どもの出自を知る権利などの複雑な問題をはらむ医療技術であり、慎重に考えて意思決定する必要があります。こうした非配偶者間生殖医療をめぐ

るさまざまな事象が、数年後、数十年後にどうなっているかは、今はまだ誰にも分かりません。しかし、生殖には年齢的限界があるので、そのクライエントがその医療技術にチャレンジするか否かは、数十年経過して「正解」が見えてくるまで保留にしておくわけにもいきません。

リカさん（仮名）は30代の女性。まだ閉経を迎える年齢ではありませんが、早発卵巣不全という閉経に近い水準まで卵巣機能が低下してしまう疾患であると診断されました。治療を尽くしても、彼女自身の卵子が育って、妊娠、出産に至ることは限りなく困難であることが分かりました。不妊治療を年単位で続けている女性たちの多くは、「プロ」の患者になっていきます。リカさんも、難解な医学用語を用いながら治療経緯を適切に順序立てて説明してくれました。その語り口はすらすらとしていましたが、私は治療経緯を聴きながらリカさんのこころの経緯を聴くことを第一にしました。リカさんの知的な説明を私もあたまだけで聴くことがないように、「それは驚いたでしょう」「痛かったですね」「まずそのときどう思われましたか」と、積極的にリカさんのからだとこころに焦点を当てながら聴いていきました。すると、初めて月経が数か月間なかったときに「おかしいな」とは思ったものの日々の忙しさに受診を先延ばしにしたこと、やっとの思いで受診をして早発卵巣不全だと診断されたときの衝撃、受診を先延ばしにした20代の日々を誰よりもリカさんが悔いて自分を責め続けていること、この病気であることを承知で結婚してくれた夫への感謝と負い目、「卵子提供」という新しい言葉を耳にして時間さえあれば熱心にインターネット検索をしている夫、そうした夫を前にかたまってしまうリカさん、そしてかたまってしまう自分自身にまた困惑していることが語られました。

私はリカさんの語りを聴きながら、自分の中に生じる感覚を掬い取るように努め、これまでに得た知識と照らし合わせながら、何よりもリカさんのこころの流れについていこうとしました。彼女の夫はインターネットでいろいろと調べて、「卵子提供しかないんじゃない？」とドナーを仲介するエージェントの説明会へ行ってみようと彼女を誘ったそうです。しかしリカさんにはうまく言葉にならない思いがありました。「行かなきゃいけないことは分かっているんですけど……まだ行けてないんです」とリカさん。そういう彼女に私は一言、「行ってない」とはっきりとした口調で返しました。それは、私なりにつかんだリカさんのこころの流れのその先に浮かんだ一言でした。するとリカさんは俯いていた顔を上げ、ぱーっと霧が晴れたような表情になり、「方向性が分かりました！」といって帰っていかれました。

リカさんとの面接で私は、「どうすべきか」や「何が正しいか」ではなく「あなたはどう思っているのか」という彼女のこころに第一の関心を寄せ、その流れについていこうとして彼女の語りを聴いていました。私の発した「行ってない」という一言は、私なりの読み筋でたどり着いたリカさんの気持ちです。私はその一言に、「あなたが確かに感じていることなのだから、それがあなたの答え、それが正解」というメッセージを込めました。

自分の気持ちを肯定されて初めて、それが「正解」かどうかを超えて自分がどう思っているのかを自分でつかみ、それを他者と共有していくことができるようになる――それはかつて私が田中先生からこころを動かすことを保証され、「私」が思うことを肯定されることでこころをつかい始めることができたことと似ています。

伝わっていくこころの動き

私は現在、大学教員として心理職を目指す学生たちの指導にあたっています。その中で、学生に「あなたはどう感じたの？」と尋ねても、学生が口籠ってしまうことがあります。「もしかして、自分が感じたことが正しいのか自信がないから、エビデンスがなくて正しい感じ方か分からないから、自分が感じたことを言うのをやめてしまったの？」と尋ねると、「ばれちゃったか……」とでもいうような照れ笑いを浮かべてうんうんと頷きます。

事例検討においても、自分が感じたり思ったり考えたりしたことなどどうせつまらないことだ、正しくないのだと片づけてしまい、教員から「正解」を教えてもらおうとする学生たちの姿に出会います。このとき、学生のこころが動き出すにはどうしたらよいかと考え、教員自身の担当ケースにおいて教員のセラピストとしてのこころがいかに動いていったのかをまず率直に学生へ伝えてみようと試みました（菅沼、2021）。学生の担当ケースを検討する前に、まず教員自らが俎板に乗ろうというわけです。この授業を履修したある大学院生が、レポートで次のような振り返りを寄せてくれました。

「発表をしていただいた事例を聞く中で、自分の気持ちが動くことがあります。そうして動く気持ちを感じていると、自分の中で培われていく何かがあるように思いました。自分の感じていたものを言葉に押し込んでみると、今まさにさまざまな困難や難しさを感じて生きている人がいて、その気持ちの一端をその瞬間は自分も同じように感じられていたかのような感覚があります。簡単に感じられたように思うのはおこがましく、失礼だと感じる反面、そうして可能な限りクライエントさんを思って心を動かすことが大切で、そこからクライエントさんに対する視点や姿勢、感性といったものが培われていくのではないかと感じました。」

セラピストとしての教員のこころがいかに動いていったかをまず率直に学生へ伝えるとき、学生のこころも動き始めるのかもしれません。田中先生がかつて私たち教え子にしてくださったようにとは、とてもいきませんが。

クライエントがこころを動かすことをセラピストが保証し、クライエントのこころのありようをセラピストが肯定する。学生がこころを動かすことを教員が保証し、学生のこころのありようを教員が肯定する。そうしたときに、クライエントのこころも、学生のこころも、その人らしく動き出し、自分で自分のこころをつかみ、それを他者と共有することができるようになっていくのではないかと私は考えています。

〔付記〕

レポート引用を快諾してくれた東海大学大学院文学研究科コミュニケーション学専攻臨床心理学系 2019 年度「臨床心理実習」履修生と、本書の執筆者の一人であり同科目をともに担当してくださった東海大学文化社会学部心理・社会学科中島由宇特任講師に感謝いたします。

〔文献〕

菅沼真樹「事例検討における対等性」『東海大学心理教育相談室紀要』6 号、39-40 頁、2021 年

田中千穂子『心理臨床への手びき―初心者の問いに答える』東京大学出版会、2002 年

こころをつかえなくなるとき、何が起きているのか

櫻井未央

大学院を卒業して以来、なんとか心理臨床を続けてきましたが、ことあるごとに、私は混沌の海に投げ出され、そしてゆらゆらと迷い、やってきました。いまここで伝えられる何かを持ち合わせている自分になったとはとても思えませんが、それでもお会いしてきた方とともに手探りした時間はいつの間にか私を組成する身になりこころになり、日々の臨床を血の通ったものにしてくれています。お会いしてきた方々とともにお互いのこころを砕いては言葉にし、言葉にならないものを感じ、嘆き、またそれを別の言葉でとらえてまた嘆き、を繰り返してきました。そんな臨床の場面で、また、個人的な体験のなかで、相手も自分もこころをつかって考えることができていなかったのだなと感じる場面がありました。初心の頃はそういう事態は全て自分の不勉強さや未熟さと結びつけていましたし、そういう部分は今だって大いにあるのですが、機能しない、つかえないこころを抱えながら、お互いがどう生きのび、こころをはたらかせていくことを取り戻していけるかが大事な部分もあるなと思うようになりました。こころをつかえなくなる瞬間、事象の核のひとつに〝違い〟があるように思い、それらをここに示し考えてみたいと思います。

最初の臨床の場で――児童自立支援施設でのこと

私の心理臨床経験は、児童自立支援施設での心理職としての勤務から始まりました。児童自立支援施設とは、非行行為をなした、またはなすおそれのある児童を入所させ、共生共育を掲げて少年の育成をめざす児童福祉施設です。

朝昼晩と子どもたちと暮らす施設の中でうごめく集団力動にとにかく驚くことばかりで、私は文字通り右往左往し、スタッフや子どもたちの言動一つひとつについていくのがやっとでした。例えばある子（A）は、A が少し信頼を寄せ始めたスタッフと別の子（B）が視線を合わせたのを見たというだけで「先生と B は自分をバカにしてる」と揺れ、それが言葉にされることもこころで感じとられることもなく瞬時に極端な行動や身体化に移され暴発してしまいます。その小さな揺れを見逃したことで施設を揺るがす大問題になってしまうこともあるくらいでした。それでも、〝暮らす〟という当たり前の営みを施設の枠組みを用いて実践しこころをはぐくむことをスタッフの方々からは教わり、子どもたちが剝奪された時間を丁寧に取り戻していく過程を見てきました。入所する子どもたちの多くのこころは、その形をとらえることも難しいほどあやういもので、関わりの取っ手が摑めたと思ったら、「うざい」「むかつく」と無かったことにされ、零れ落ちていく水のようでした。子どもたちがそれ以前までに経験してきたことは苛烈で、「いつもと同じこと」が起きる暮らしの枠組みは安心できず、信頼もできず、それを壊しにかかります。それでも揺るがない枠組みに身をゆだねてもよいことを本当に少しずつ感じ、その安心を享受してもよい自分なのだと自分を許し、遊ぶことができるようになるには相当の時間が必要です。それまではまったく余裕もなく、張りつめた空気をまとい、近寄るなと大人を遠ざけようとします。「むかつく」という言葉で私の主体的存在は消され無かったことにされると同時に、私にとっての〝あなた〟である自分自身の主体的存在も消していくような態度でした。そんな危うい彼らが施設の中で物理的にも心理的にも体ごと守られながら〝あなた〟になっていくときの素敵さや、こちらに生まれてくるいとおしいという感情も教わりました。

彼らが伝えてくるのは「おまえなんかにわかるわけない」というわかりやすい拒否的態度と強い威圧的なメッセージであり、と同時に寸分の違いなく「ちゃんとわかってよ」というこれも強烈に強い無理難題でした。どうせ「わかるわけがない」という彼らの言葉に飲み込まれ、わかろうとすることも許されず、一方で貪るように「わかってよ」と希求される。この相反するメッセージを受け取りながら、「わかる」とはどういうことなのかという鋭いナイフを喉元に突きつけられているようで、言葉にすることも、こころをつかうこともままならない状態でした。

彼らにとって「わかってもらえる」という良い体験もとても危険で、馴染みのないモノでした。自分が全て飲み込まれるような恐怖だったのではないかと思います。良いものを受け取りたいと思っていても、その良さに同一化できず吐き出し攻撃していました。入所するまでの歴史で誰にもこころを砕いてもらっていなかったんじゃないか、とさえ感じたこともありました。彼らの脆さや危うさに直面し、私は、「わかるよ」とも言えず、ただわかりたいと思っているんだということを、拙い言葉で、細々と行っていた面接という枠組みで、伝えるしかありませんでした。

「わかる」ことが本質的には意味を失っているのに、倒錯的にそれを必要とされる場でしばらく格闘して考え至ったのは、なぜ私は「わかるよ」と言いたいのか、ということでした。彼らを飲み込もうとしているのは、「わかるよ」という言葉を吐き出すことでこころをつかわないことにしている私のほうなんじゃないかという考えが浮かびました。当時の私をちょっと擁護すると、普段なら「わかるよ」なんて、そんな陳腐な言葉を言いたいと思うことは私らしいことではありませんでした。冷静に、そこで起きていること全体を眺められるようになってきてわかったのは、彼らもこころをつかうことができる状態ではなかったですが、同時に私もこころをはたらかせられない、抜き差しならぬ状態になっていたということでした。

彼らの生きてきた世界の悲しみを見つめることは容易ではありませんでした。単に壮絶なものだったからではありません。彼らを非行という行為に身を投じなくてはいけない状況にさせていたのは社会の理不尽さ・不条理さや資本主義的マジョリティの論理でしたが、それは私が生き、謳歌している社会そのものでした。例えば多くの人が給料の安さを嘆きながら、より安価な物を購入することで地球のどこかの労働者が過酷な条件で働かされている状況に加担していることは見ないことにしています。その見ないことにしている世界を彼らは突きつけてくるようであり、そのなかで失われた彼らの子ども時代に思いを馳せることはその一つひとつの痛みに耐えなくてはいけなかったからだと思います。「わかるよ」と言いたかったのは、「あなた＝わたし」という違いのない空間に彼らを押し込めて、〝わたしと同じ〟という世界を作りたかったからなのかもしれません。結局、彼らが「むかつく」という言葉で私の主体も自分の主体も消し去ったのと同じように、私も、あなたとわたしの区別もなくなる代わりにどちらの主体もない、「あなた＝わたし」の世界で安心したかったのかもしれません。

そう考えられるようになって、少しだけこころをつかって考えられるようになり、「わからない」という立ち位置に居ながら、私とは違う世界を生き抜いてきた彼らの「おまえなんかにわかるわけない」という嘆きとともにその場に居られるようになり、そして、こころを砕くとは、その痛みをともに嘆くことなのだと感じました。当時の私を支えたのは、宮沢賢治の「雨ニモ負ケズ」にある「ヒデリノトキハナミダヲナガシ／サムサノナツハオロオロアルキ／ミンナニデクノボートヨバレ／ホメラレモセズ／クニモサレズ／サウイフモノニ／ワタシハナリタイ」という一節でした。

「違う」こと、つかえなくなるこころ

もう一つ、「違う」ということを考えさせられ続けているのは、とてもパーソナルな体験です。我が家の子どもは双子で、その一人は人と違うところをもって生まれてきました。大した違いでないのに、出産・誕生というハレの場で「違う」ことはふさわしくないと思われるのか、他の赤ちゃんたちと会って辛くならないようにという配慮なのか、出産後廊下の一番奥にある光の当たらない病室に移され、そこで私は、「違う」とはこういうことを周囲の人たちに抱かせるのかとひっそりと感じていました。一方で私の中にもさまざまな思いが行き交いました。さきほどの文章で「大した違いでないのに」「光の当たらない」といった言葉を使いましたが、そう言ってしまうことの意味や違いに対する居心地の悪さを自分の中に見つけ、それをどこに布置していいのか混乱しました。〝違い〟は、そのようにこころをつかえない領域を発生させ、考える機能を奪ってしまいます。

「違う」ことに出会ったときにこころの機能を奪われることは、関わりの量や質には関係がないようです。例えば初めて会った大人でも、よく関わってくださる先生でも、うちの子をこんなふうに語ります。「障害があるのに明るくていい子ですね」。「大変なのに、がんばってますよね」。結果、ピグマリオン効果でうちの子は〝よくできる〟にたくさん丸のついた通知表を持って帰ってきます。もちろん、周囲からの言葉は嬉しく感じますし、先生たちは教師とし

とか、無理をしないというレトリックのもとで、分離主義がまた勢いを増している」と指摘しているように、「違う」ことを受け止められないこころも同じように見え隠れする、ということも同時に抱え続けていく必要があるように思います。

人と「違う」ことが、我が子にはわかりやすくそこにありますが、ふつうの子育ての中でもさまざまな違いに痛み、耐えがたく感じておられることもあるでしょうし、そこにもそれぞれの「たいして強くもない、たいして弱くもない」ひとりひとりの物語があるのだろうと思います。

「違う」というネガティビティを抱えていくこと

児童自立支援施設でのエピソードも我が子をめぐるエピソードでも共通するのは、こころをつかうことができない状態はいつの間にか発生し、こころを占領するということです。そのこころをどうにか機能させたのは、「違う」ことがただそこにあるということに耐え、抱え、何が起きているのかを考えることでした。

精神分析対象関係論を構築したメラニー・クラインは、乳児の内的世界を、妄想分裂ポジション、そして抑うつポジションとして布置し、説明しました。私の理解できている範囲でクラインの論を簡単に示すと、乳児の内的世界で起きるのは、不快や苦痛のような混沌としたものが自分をバラバラに断片化してしまう恐怖から逃れようと自己を分裂させることであり、良い自己は満足を与えてくれる温かい母として取り入れ、悪い自己は満足を与えてくれない母としての対象に排出して投影されます。この取り入れと排出は自己の攻撃性が基になっているわけですが、自己も対象も乳児の中で分裂させることでよい部分対象はより良いものとして強化され、安定を得ることができる一方、悪い破壊的対象はますます自己を攻撃してくるという迫害感として感じられていきます。そして、満足を与える良い対象と与えてくれない悪い対象とがどちらもひとりの母なのだと、一つの全体対象としてとらえられるとき、自己の排出した攻撃性に対して罪業感や罪悪感という抑うつ的なこころの痛みを伴いながら統合されてゆくとしています。

「違う」に出会ってこころをはたらかせる機能が奪われるのは、私たちの耐えられなさ・抱えられなさゆえに起きる対象の分裂、バラバラになることによるのだろうと思います。バラバラになった思いは外界に投影され、あるときは違いへの混沌とした思いへ、あるいは「おまえなんかにわかるわけない」と言った彼らや「光の当たらない」と感じた私の状態のような迫害感へ、またあるときは「障害があるのに明るくていい子」といった言葉に表されるような躁的防衛へ、回収されていくのではないかと思います。それらのなかに収めておくことで、私たちは「違う」ことの痛みを避けることができ、こころをつかって感じることも考えることもしなくて済みます。しかし、全体をとらえなおすとき、自分が吐き出した抱え切れなさや愚かさにおののき、「デクノボー」と呼ばれる無力な自分も、人間の「業」としてしまいたい痛みも抱えながら、バラバラにとらえていた局面がどれも一つの事象だったと統合してはじめて、そこにある本質を眺めることができるのかもしれません。

また、ビオン（Bion, 2002/1970）は「注意と解釈」第 13 章において、ジョン・キーツのネガティブ・ケイパビリティ、つまり「人が事実と理由を短期に追い求めることなく、不確実さ・謎・疑惑の中にとどまること」という引用から始め、分析者がこういった達成にたどり着くには「記憶なく、欲望なく、理解なくという状態のみである」と締めくくっています。ビオンの言葉は難解ですが、帚木（2019）がより平易に教えてくれており、それによるとネガティブ・ケイパビリティとは「物事の不可思議さ、神秘、疑念をそのままに持ち続け、性急な事実や理由、つまり理解を求めない態度」であり、「稚拙な理解ではなく、謎を謎として興味を抱いたまま、宙ぶらりんの、どうしようもない状態を耐えぬく力です。その先には必ず発展的な深い理解が待ち受けていると確信して、耐えていく持続力を生み出す」のだと説いています。

こころがつかえなくなる不自由さは、痛みを抱え生き抜くための転換点として刻印されるものなのかもしれません。不自由になっていたということに気づかないことも大いにあるでしょうが、そこに刻まれた不自由さをよくみつめ、バラバラのこころのままに耳あたりのよい事柄や言葉に飛びつかず、また、性急に何かを求め思考停止せずに、そこで起きていることを眺めていきたいと思うのです。そんなことが可能なのかどうか、残念ながら私にはまだわかりません。それでも、その全体像を観察し、「そうかあ」ととり置くこと、「ああ」と嘆くこと、「そうだねえ」と考え続けること、そんなふうにその事態や局面を眺められるこころをどうにか取り戻し、ネガティブ・ケイパビリティとはどういうことか、まだまだ考えながら、日々に臨んでいってみようと思います。

〔**文献**〕

ビオン, W・R（福本修／平井正三訳）『精神分析の方法Ⅱ』法政大学出版局, 2002年（Bion, W. R.: Attention & Interpretation. London: Karmac, 1970.）

帚木蓬生『ネガティブ・ケイパビリティ―答えの出ない事態に耐える力』朝日新聞出版, 2017年

熊谷晋一郎「関係に先立つ身体の探求― ASDの当事者研究」『臨床心理学』（シリーズ当事者研究への招待）16巻2号, 239-249頁, 2016年

リカーマン, M（飛谷渉訳）『新釈メラニー・クライン』岩崎学術出版社, 2014年（Likierman, M.: Melanie Klein: Her Work in Context. Continuum, 2001.）

小野恵子・玉井真理子「たいして強くもない　たいして弱くもない『私』からの手紙」（ぽれぽれくらぶ著）『今どきしょうがい児の母親物語』ぶどう社, 1995年

先天性四肢障害児父母の会『本文のない本　先天性四肢障害児父母の会編集後記2004-2010』先天性四肢障害児父母の会編集局（私家本）, 2010年

立川談志『あなたも落語家になれる―現代落語論其二』三一書房, 1985年

どのようにしてクライエントを理解することができるか？

八巻絢子

自己紹介――問いが生まれた背景

私は地域の教育相談室で心理職として10年ほど、勤務しています。ほかにもスクールカウンセラーとして学校現場で、また相談員として若者支援の現場で勤務していますが、総じて「何か不具合を抱えた子ども・若者とその保護者」に対する支援に継続して取り組んできたといえると思います。大学院を卒業してすぐ現場に入り、毎日たくさんの人にお会いする中で、たくさんの「困った！」や「分からない！」、「どうしよう！」に遭遇しました。特に〝自分のこと〟ではなく〝子どものこと〟で相談に来るお母さんに対して、どのように関わったらよいか、何をしたらよいか、困りました。本人カウンセリングでその人を理解しようとすることだけでも難しいのに、〝子どものこと〟で相談に来たお母さんとの面接では、お母さんの語りから子どもを理解しようとする試みと、お母さん自身を理解しようとする試みとの両方を進めていくなんて、どうやったらいいのか皆目見当がつかなかったのです。とりわけ仕事を始めたばかりのころは、私自身が子どもに関わる仕事に就きたいと考えて職場を選択したこともあって、子どものために良かれと思うあまり、目の前のお母さんを理解するという視点すら持てないことがありました。そのために、相談が中断してしまったり、お母さんと良い関係が作れなかったりして「ああ、失敗したなあ」と反省する日々でした。そういった体験から、私の中に「どんな相談であっても、心理援助職として目の前にいる人をしっかり理解しようと向き合うことから始めなくてはならないのでは？」、「では、その人自身を理解するとは、どういうことだろうか」、「どうしたら、自分の目の前にいる人のことを理解できるのだろうか」という問いが生まれました。これらの問いに対して、私自身の体験から得たものを振り返りながら、今現在の私なりの考えを書いてみたいと思います。

他者に理解されること、自分で自分を理解すること
――スーパービジョン初期の体験から

私は仕事を始めてしばらく、定期的にスーパービジョンを受けていました。入職してすぐ前任者からの引継ぎ事例をいくつも担当することになり、とにかく１回１回の面接にただ臨むだけで精一杯でした。したがって、スーパービジョンを受ける時も「この事例どうしたらいいんだろう」「次にこの子に会ったらなんて言えばいいんだろう」「見立てが立たないけれど次に何を聞き取ればいいのかしら」と、スーパーバイザーに聞きたいことや教えてほしいことが山積みで、「先生、ここが分かりません！」とまさに駆け込み寺のように飛び込んでいました。多くの示唆を受けながらも、当時の私としては、〝困ったことを解決しに行く〟〝どうしたら良いか＝how to を教えてもらいに行く〟という意識が強かったように思います。

３年を過ぎたころから、スーパービジョンを受ける感覚が少しずつ変わっていきました。スーパーバイザーに事例の概要と自分が困っていることを伝えると、「今の話を聴いていると、○○ということが問題なんだって気がするけど」などとコメントしてもらえるのですが、それを聴くと「そう！それが言いたかったの!!」「なんだかうまく言葉にならなかったけど、そういう風にまとめてもらうとしっくりくる！」という気持ちになるのです。頭の中にぼんやりとあったものが、急にはっきりした輪郭をもつものになったような感じです。あるいは、喉元まで出かかっていたもどかしい思いに、すっと名前を与えられたような感じと言ったらよいでしょうか。また、スーパーバイザーのコメントがしっくりこないと感じた時には、「どうしてずれちゃったんだろう。何か、私が重要な情報を伝え損ねているのかもしれない。どの情報を伝えれば、この感じが分かってもらえるのかな？」と考えて、説明を付け足します。そうすると、「そういうことなら、○○ということも考えられるわね」「ああ、そうです、そ

っちのほうがピンと来ます」というやり取りが生まれます。スーパービジョン中のこういったやりとりから、私は対話を通して自分の意図が相手に伝わる心地よさ、理解してもらえた嬉しさを感じていました。この、「そうそう、私そう思ってたの！」という感じは、実はカウンセリング中にクライエントが体験している、共感的に聴いてもらえた感覚、セラピストの言葉で伝え返されることによって、これまで感じていたもやもやが腑に落ち意識化される感覚に、とても近いのではないでしょうか。

一般にカウンセリングの効果を、話しながら自分の気持ちが整理される、話しながら自分の気持ちに気づく、などと説明することがありますが、それはこういう感じなのかも？　と私自身が（疑似）体験して気づいたのでした。セラピストはまず、クライエントの言おうとしていることを汲み取って伝え返す、そこにズレがあればさらに聞き取りをして修正していく。その作業を繰り返すうちに、クライエントは自分が言いたかったこと、思っていたことがクリアになっていく。その地道な細かい作業の積み重ねでカウンセリングは成り立っているのだと感じてから、実際の面接で、本当はこの人は何がいいたいのかな？と考えながら聴くこと、単なるオウム返しではなく自分が理解したことを伝えるという意図をもってコメントすることを心がけるようになりました。カウンセリングにおいては、セラピストがクライエントを理解しようとする試みと、クライエントが自分自身を理解することが、同時並行的に進んでいくのではないかと今は理解しています。

自分自身の感情と向き合う
――スーパービジョンに向かうときの体験から

仕事を始めて５年ほど経ってからでしょうか、時々スーパービジョンに行く前に「気が重いな……」と感じるようになりました。初めは、困っていることに対して具体的に対応を教えてもらえるという安心感や、それによって困っていることが減ってすっきりする感じがありましたし、何よりも必死で通っていたので、行く前に何か感じる余裕すらそもそもありませんでした。途中からは、スーパーバイザーとの対話を通して自分一人では言葉にできなかったものが整理されまとまっていく過程が何とも気持ち良く、時には魔法にかけられたような気分にすらなるので、「今日はこのもやっとした感じをどんなふうに伝えたらいいかな。きっと1時間後には、なるほど！　そういうことか！　って感じられているんだろうな」「自分一人でそこまで言葉にできないのは悔しいけれど、先生の力をお借りすればきっとクリアになる」と、なんだかわくわくするような気持ちで通っていました。事例を自分なりに捉え、自分の言葉で説明しようという試みを始めた時期でもあり、何か形にすること、形になっていくことの喜びがあったのかもしれません。

ところが、5年を過ぎたころでしょうか、スーパービジョンを受ける前に時間調整で立ち寄るカフェでコーヒーを飲んでいるときに、「行くのしんどいな……」と感じている自分に気づいてしまいました。その時の心境を思い起こしてみると、「とても困っているから、この事例について相談したい。だけど、どう説明しようかと振り返ってみると、前回のセッションであの子が泣いて怒ったときに、私はうまいこと対応できなかった。びっくりして怖くなってしまって、その感情を抑えるのに必死で、あの子の気持ちなんて考えてあげられなかった。どうしたらよかったのかは知りたいし、相談したいけれど、自分でも失敗したことは分かっている。失敗したと自分で分かっていることをわざわざ口に出さなくてはいけないのはとても苦痛だし、ひどく怒られるかもしれない。怒られたら嫌だな……」という具合です。ちなみに、スーパーバイザーに怒られたことは一度もないのですが、当時の私は、失敗した＝指摘される＝怒られる＝恥ずかしくて情けないという考え方が染みついていて、自分の至らなかったところや気づかなかったところを落ち着いて振り返ることがたいそう苦手でした。失敗を認めたくない、できれば完璧な自分でいたい、という見栄っ張りな性格も影響していたでしょう。そうはいっても高々4、5年の経験、出来ないことや失敗があって当然なのですが、自分でもうまく出来ていない自覚があるだけに、それをスーパーバイザーに知られるということ、助言をもらうことがとても怖くて逃げ出したい気持ちになっていました。

そんな時に、インテーク面接であるお母さんにお会いしました。どこか緊張した面持ちで話す人でした。子どもが学校に行きたくないと言い始め、実際に休む日が増えてきたこと、自分にも仕事があるので、何とか登校させようとついきつい言い方になったり、無理やりランドセルを引っ張ったりしたこと。お母さんははっきりとは言いませんでしたが、話しぶりからは「本当はこんな対応をしちゃダメなんだろうな」と感じながらも止むに已まれずそうしてきたのだろう、ということが想像されました。一通りお話を聴いて、私から「娘さんはとても繊細で、いろんなことを気にしてしまうタイプのよう、学校生活は気になることが多くて疲れてしまうのかもしれないですね」「娘さんが疲れをため込まず、調整しながら学校に行けるようにこちらでカウンセリングを受けてもらうといいと思うのですが」と伝えると、「それは娘にすごく必要だと思います、ぜひ連れてきたいです」とのお返事でした。この時にはかなり緊張はほぐれ、ほっとしたような、安心したような表情になっていたのですが、面接終了間際に「実は、私の子育てを怒られるんじゃないかと思って、来るのがすごく怖かったんです。でも、怒られなくてよかったです」とお話しになりました。ああなるほど、それで最初はあの緊張した表情だったのね、と合点がいきました。

合点がいったと同時に、はっと、スーパービジョンに行く直前の自分自身のことを思い出しました。ダメだと分かっていながらやってしまったことを思い出し、反省している気持ちもあり、「仕方なかったんだよ」と自己弁護する気持ちもあり、ダメだと分かっているからこそ相談に行かなくてはいけないと思うものの、怒られるのは怖いなあと怯える気持ちもある。ああ、相談に来る前ってこんな風に感じているのかもしれないな、こういう気持ちを抱えながら相談に来るのはとても勇気のいる行為ではないかしら？　ということが、自分自身の体験と重ね合わせたことで、初めて実感を伴って理解できました。気づいてしまえば当たり前のことなのですが、困りごとを抱えて専門家に相談に来る人がどのような心情でやってくるのか、その人の立場になってリアリティをもって想像するということが、このときまでちっとも意識できていなかったのです。しかも、私のスーパービジョンの場合は何年もお付き合いしている先生で、どんな方かよく分かっているのに行くのが怖いのです。インテーク面接に来るお母さんの場合は初めて会うカウンセラーですから、私の何倍もの勇気が必要でしょう。同じような体験だけれど、私の体験に基づく想像を遥かに超えた体験なのだろうと、思いを馳せました。

それまでは、「お母さんも大変ですよね」と口では言いつつも、子どもがこんなに辛い状況なのだからお母さんは相談に来て当然、頑張って当然、相談に来ないお母さんは頑張りが足りない、とどこかで思っている自分がいました。

きっとそういう思いは面接中の態度ににじみ出ていただろうと思います。今思い返すと、申し訳ない気持ちでいっぱいです。

私自身が、あまり人に物事を相談せずに大人になったからか、相談するという行為の前後にどのような気持ちがあるのか、不安や行きたくない気持ちを抱えながら相談に行くという行為がいかに勇気のいることか、そういったことへの感度が低かったのでしょう。スーパービジョンに行く前のコーヒータイムに、私自身に湧き起こったネガティブな感情とため息を放置していたら、今でもそのことには気づかなかったかもしれません。ネガティブな感情を認めて向き合うことはとても負荷のかかる作業ですし、自分の至らなさや苦手なことに向き合うことにもつながるので、どうしても避けようとしがちです。しかし、その作業を経て、自分自身が体験している出来事とそれに伴って生じる感情に対して理解すると、その経験を照合枠として、他者の体験を理解しようとすることができるのではないでしょうか。

人それぞれのペースがある
――スーパービジョンの帰り道での体験から

スーパービジョン体験からの気づきをもう１つ。１時間というのは本当に短いもので、相談したい事例をプレゼンする、困っていることや考えていることを伝える、先生の助言を急いでメモに取りながら、さらに思いついたことを伝える……あっという間に終了時刻です。終わるころには情報過多で、謎が解けてすっきりしたところと、新たな謎が生まれたところ、助言は理解できたけど果たして実行できるかな？　と不安になっているところ、と頭と心がいっぱいになって帰宅します。帰り道、もう一度噛み砕いてみようとスーパービジョンの内容を振り返りながら歩いていると、はっと閃くことや気づくことが時々あります。その場では言われたことをメモしたり頭に叩き込んだりするのに精いっぱいで実はよく理解できなかったことや、小さな疑問や違和感があったけれども言葉にできずに流れてしまったことが、「あ、先生が仰ったのはこういう意味だったのかも」「あの場で、もっとこんな風に説明すればよかった、本当はこう言いたかったのに」と、急にクリアになるのです。そんな時は、もう一度Ｕターンして「先生、分かりました！」と報告したいくらいの気分で、腑に落ちたすっきり感と、その場で共有できなかった悔しさとがない交ぜになったような感じです。
　こういった感触を何度か経験しているうちに、いつかのスーパービジョンで教わった、「その場でクライエントを納得させなくていい。面接場面で『分かりました』と言わないからといって、その人が理解していないとは限らない。認めたくない人もいるの。そのあとの行動で判断すればいいの」という言葉が思い出されました。自分自身が、時間内に消化できなかったことを後々振り返り、自分なりの理解にたどり着いたり意味付けしたりしている、という事実を意識したことによって、クライエントにもそのような、面接時間外の心の動きがあるはずだということを認識できたのです。これも、気づいてみるとまったくもって当たり前のことなのですが、それまでの私は、面接時間内になんとか目の前の人を説得しなくてはいけない、「はい、分かりました」と言わせようと無意識に気負っていただろうと思います。自分とクライエントが向かい合っている面接時間が全てであるかのような、狭い視野になっていました。今思うと恐ろしく傲慢なセラピストで恥ずかしくなります。クライエントにとって面接は生活のごく一部であること、面接時間外の日常を送りながら考えたり行動を起こしたり、日々変化しながら生活を営んでいるということ。そういった、セラピストには見えない時間の流れがあることを忘れないようにしたいと思います。
　このような視点を持って面接をすると、私自身にも余裕が生まれたようで、「何が何でも今日はこのことをお母さんに説明して納得してもらわなくちゃ」「どうしてこのお母さんは何回言っても子どもに登校刺激しちゃうんだろう」などと焦ったり嘆いたりすることが減りました。実際に、面接では不満げな表情で私の話を聴いていたお母さんが、２週間後には助言通り行動を変えてみたことをさらりと報告してくださったことがあります。また、「あなたはまじめで気を遣いすぎるから、今みたいな疲れている時にはしっかり休もう」と伝えたときには、「そんなことはありません、僕は疲れていません」「疲れるとはどういうことですか」と言っていた中学生が１年後「僕は今日調子が悪いので面接をキャンセルして休みます」と連絡をくれたこともありました。面接で何かを伝えようとするときも、その人の日常生活やコンディションを頭に思い浮かべ、今伝えるべきなのか、伝えたことを実行できるような生活環境にあるのだろうか、受け止められる気持ちの余裕はどうだろうか、といったことを考えながら言葉を選び、判断しています。私たち心理援助職は、よく「その人のペースを大事に」「その子のペースを見守って」という表現を使うことが多いように思いますが、実際クライエントに接するときにはついつい助言することに必死になってしまって、目の前の人のペースを大事にすることなど吹っ飛んでしまうことがあるのではないでしょうか。人は、目に見えないもののことは忘れてしまいやすいし、自分で見聞きしたことを頼りに物事を判断します。あえて意識的に、自分が会っていない時間をその人がどのように過ごしているのだろうか、と考えることで、クライエントの問題だけではなく、その問題を抱えて生きるその人自身や、その人の持つ力も含めて、理解することができるように思います。

クライエントを理解するということ

ここまで、スーパービジョン体験と日常の業務とを行ったり来たりしながら私に湧き起こった感情と気付きをまとめてみました。改めて、面接場面においてクライエントを理解するとはどのような営みなのかを考えてみます。

クライエントにとって、正確であるに越したことはないのでしょうが、たとえそれがドンピシャで当たっていないとしても、「私はあなたの話をこう理解したよ」と伝えてもらうことそのものが、受け止めてもらった感覚になり、そこから自分をもっと分かってもらいたいという欲求がうまれるのでしょう。そしてそれが自分自身を探索するエネルギーになるのではないかと考えます。したがって、クライエントを理解するということは、理解しようと誠実にその場にいることから始まり、セラピストがそのように向き合うことによって、セラピストのクライエント理解そしてクライエントの自己理解が少し進む。それを手掛かりにしてまた理解しようと向き合う。ズレた時には、お互いに何故ズレたのか？　を手掛かりにして考える。そのようにして、セラピストがクライエントを理解することと、クライエントが自分自身を理解することが、ぐるぐるとらせん状に進んでいく過程なのではないかと考えられます。

ともすると、セラピストは、クライエントだけをまな板にのせて、ああでもないこうでもないと料理する立場になりがちなのではないでしょうか。でも、自分がスーパービジョンというまな板にのってみて実際に理解される喜び、安堵を感じたことがあり、それによって他人事ではない自分のこととして物事をとらえる視点を持とうとしたことが、私にとっては共感的理解を考える第一歩になりました。私の場合は、〝クライエントが相談に行く〟という行為と〝自分がスーパービジョンを受ける〟という行為が、構造として似ていたために、気づきを得やすかったのかもしれません。以来、自分はどんな時に悲しくなるか、嬉しくなるか、自分の体験とその時の情動をできるだけ鮮明にとらえようと、それがクライエントの話を聴くときにきっと役立つと信じて、意識しています。

また、今回このように自分の体験をまとめてみて、自分の状態や取り組んでいる課題によって、スーパービジョンの受け方、得たものが違っていたんだということに気づきました。実際、「行くのしんどいな……」と感じていた時期は、当時まったく意識していませんでしたが、それまでに比べてスーパービジョンを受ける頻度が低くなっていたのです。それはすなわち、相談にくるクライエントにも、話す喜びを感じる時期、あまり考えたくない、向き合いたくないから相談に来たくない時期、しんどいけど頑張って頑張って足を運んでいる時期、などがあるはずだ、という気づきにつながりました。今、この人はどんな時期なんだろう？　どんな対応をしたら、相談に来たくなった時に来やすくなるかな？　この向き合いたくない時期を一緒にどう乗り切ろうか？　そんな風に視野を広げて、クライエントに会いたいと考えます。

おわりに――今取り組んでいること

教育相談の現場には、大学院を卒業したばかりの新米心理士が次々とやってきます。私は現在、仕事を始めて1〜3年くらいの後輩たちと業務にあたっており、彼らの担当する事例について一緒に対応を考えることが増えてきました。特にインテーク面接後に「とりあえず話聴いてきたけど何が何だかまとまらない！　助けてください！」と言われます。彼らの話を聴き、「その子は○○だよね」ととりあえずの見立てを伝えると、「何で分かるんですか？　どうやったらそうやって考えられるんですか⁇」と食いつかれます。何だか、スーパーバイザーが魔法使いか予言者に見えていた、スーパービジョンに行き始めた頃の自分を見るようですが、私もまだまだ、やっと初心者を抜け出したところです。「どうやってかと言うと……」と、彼らから聴いた話を私の中でどのようにまとめ、見立てに辿り着いたかを解説しなくてはいけないのですが、これがとても難しいのです。

この作業の難しいところは、子ども、子どもについて語る母親、その話を聴いてきた後輩、と三者について理解しようとする試みであるという点です。後輩の話を聴きながら、「もう少しお母さんの辛い気持ちに理解を示しながら話を聴いていたら、もっとこのお母さんは語ってくれたんじゃないかしら？」と思ってしまったり、「どうしてかんしゃくが起こった時の様子や、収まるまでのお母さんの対応を詳しく訊かないの？　これじゃ、何も分からないじゃない……」と思ってしまったりするのです。そして時には、思っているだけではなくそのまま口に出してしまい、目の前の後輩をしょんぼりさせてしまいます。「ああ、怒られた、失敗したって感じさせちゃっただろうな、傷つけちゃったかな」「せっかく相談してくれたのに、これじゃあ役に立つどころかこの人の失敗体験を増やしただけじゃないか」と落ち込むも、言ってしまったことは取り消せません。以前は、子どもを大事にするあまり目の前のお母さんを大事にできなかった私ですが、今は相談に来たお母さんを大事にするあまり目の前の後輩を大事にできないなんて……。あとで、「先生のスーパービジョンだったら、こんな風にはならないのにな……」「なんだか全然成長していないのかも、私……」と自分の未熟さにがっかりする日々です。そういった反省を繰り返しながらですが、私の目の前にいる人を大事にする——それが子どもでもお母さんでも、悩める後輩でも、コンサルテーションに来た先生でも——ということを肝に銘じつつ、日々の心理臨床に取り組んでいます。

どうすればもっとからだごとの共感ができるだろう

山田美穂

からだをつかう心理臨床

どうして私は、「こころで関わりこころをつかう」臨床をテーマにしたこの本で、「からだ」について書こうとしているのでしょうか。それは、心理臨床の肝である「クライエントに共感し、理解しようとする」セラピストの作業が、本質的に「からだ」に根ざしていて、「ことば」のやりとりを取り上げるだけでは不十分だと考えるからです。

もちろん、心理臨床において、言葉は本当に大事なものです。ただし、言葉はとてもパワフルで、時に言葉以外のものをかすませてしまうことがあります。すると、抜け落ちやすくなるものがあります。それは、言葉で表しきれない「質感」を感じるプロセスです。それは、セラピストの身体で生じることです。それなのに、そこが無視され、すっ飛ばされることがとても多いように思います。「からだ」が切り離された「こころ」は、「あたま」寄りになります。でも、心理臨床の営みの中で相手に伝える言葉、相手から伝えられる言葉は、もともと身体から発され、身体で受け止められるものです。

念のため申し添えますと、私自身はダンスセラピーとフォーカシング（Gendlin, 1981/1982）という身体的アプローチを学び、実践しているので、その経験を基に書きますが、「身体を通す」ということは、身体的アプローチではない臨床実践にも通底することだと考えます。身体を動かさなければ、動いてもらわなければいけないというわけではありません。私自身の身体的アプローチの経験に基づいたこの文章が、読んでくださる方の、身体的アプローチとは異なる臨床実践のご経験とも、どこかで触れ合うものであることを願って書きます。

「からだごと」が必要だと考える理由——セラピストの痛みを軸に

ひとことで「からだ」と言っても、(「こころ」の場合と同じく) 人によって意味するところが大きく違うのが厄介なところなのですが、私は今、特に「身体の感覚」と「身体の運動」の２つを軸にして考えています。そしてセラピストが自分の身体で「痛み」を、つまりクライエントの、そしてセラピスト自身の心の病んでいる部分や傷ついている部分から生じる苦痛やしんどさを感じることが大事だと考えています。

まずはこのようにとらえるに至った経緯を、とても個人的な経緯ではありますが、少し書いてみます。今のところは計５期に分けてみましたが、もちろんまだまだ「ひと段落」程度の状態であり、この先の段階がいくつもあるはずだと思っています。

第１期は「身体を使えない期」でした。私は心理臨床を学ぶ以前から「こころ」と「からだ」のつながりに関心がありました。大学院時代に『心理臨床の手びき』(田中、2002) で「語りのワーク」として紹介されている、身体で人とかかわるさまざまなワークを体験できたことも得難いことでした。その実感は時間が経つほど沁みてきています。しかし、学んだことがすぐに実際の現場での仕事に生かせたわけではありませんでした。臨床の仕事はやりがいに満ちていて、クライエントさんの真摯に生きる姿に感動し、その姿から教えてもらうこともたくさんありましたが、その痛みを感じながら必死に受け止めていくほど、こころの疲れが溜まりました。自分には抱えきれないと感じるような大きくつらい出来事もあり、消耗していました。

第２期は「身体に目覚める期」でした。すっかり消耗していた時に、ハワイの伝統舞踊であるフラというダンスに出合い、それまでいかに自分の身体を無視していたかに気づきました。そしておそるおそる、フラを使った子育て支援活動を始め、手ごたえを感じました。しかしその手ごたえは、言葉にならない身体レベルにとどまったまま、何年も過ぎていきました。

第３期は「身体的技法の学習期」でした。「手ごたえ」をもっと使えるものにしたいと思い、ダンスセラピーとフォーカシングを学び始めました。非常におおざっぱに言うと、ダンスセラピーの身体的技法としての特徴は、「身体の運動」を活用すること、フォーカシングの特徴は「身体の（内側で感じられる）感覚」を活用することです。そして２つとも、文字通り身体を使ってやってみる「体験学習」を重視しています。その中でおのずと私は、自分の人生の中で、また臨床の仕事の中で得た「痛み」に気づいたり、耳を傾けたり、触れたり、身体や言葉で表現したりすることを繰り返しました。痛みを消そうとするのではなく、必要な距離を置き、大事にして、少しずつ表現するということを、特にフォーカシングから学ぶことができました。

第４期は「学びの体現にもがく期」でした。身体的技法の学習を通して、遅ればせながら自分なりの臨床がつかめてきたように感じました。しかし、周囲の心理臨床の人たちには「身体のことは苦手だから……」と言われてしまうことがよくありました。自分がどんなにこれは良いぞと思っていても、その良さをしっかり咀嚼し消化し表現できなければ人には伝わらないのだ……と思い知り、不器用にもがき、うめき、考えました。

今は第５期で「〝からだごと〟が見えてきた期」です。やっとはっきり見えてきたのは、クライエントの身体にはたらきかける前に、セラピストである自分の身体をどう使うかが大事だ、ということです。そして、自分の身体を深く感じて自分の痛みに触れることと、クライエントの痛みに共感することはつながっている、ということです。それは当たり前といえば当たり前のことなのですが、私の場合はここまでの、大学院で心理臨床を学び始めたときから数えると実に20年以上のプロセスを経ないとはっきりとは見えなかったことでした。

痛みに共感するとはどういうことか

次に、臨床場面で相手の痛みに共感することの実際の中身と、それが自分の痛みにもつながっていることについて、認知症高齢者グループのダンスセラピーセッションを例として考えてみます。認知症高齢者グループホームにダンスセラピストとして訪問し、入居者の方々と数人の施設スタッフと共に、丸く並べた椅子に座って踊ったり歌ったりするセラピーです。３つの場面を、適宜改変して記述します。

「共感」については実にさまざまな理論がありますが、私は、シンパシー、エンパシー、コンパッションの三層の共感（Gray, 2014）というとらえ方に惹かれています。通常、心理臨床でいう共感は、自分とは異なる相手を理解しようとするエンパシーのことであって、同情・同調を意味するシンパシーとは別のものだと学びます。ですが、身体レベルでの無意識的な交流の中には、自動的に生じるシンパシーに該当するものもたくさん含まれていますし、それを丁寧に見つめることができればとても役に立ちます。また、コンパッションには近年注目が集まっていますが（Neff, 2011/2014; Klein, 2001/2005）、特にセラピストの痛みを活用していこうとする時には、おのずとコンパッションという次元について考えざるを得ません。ただ、コンパッションは日本語では慈悲、慈愛、慈しみなどになりますが、宗教的なニュアンスもあり、心理臨床に関する言葉としてはイメージが湧きにくいようにも思います。

そこで本稿では、コンパッションを「セラピストの内側の深いところにある痛みとしてクライエントと通じ合うもの」ととらえます。また、シンパシーとエンパシーにもさまざまな意味があるので、それぞれ「クライエントから自動的に伝わってくるもの」「クライエントを他者として理解しようとすることで得られるもの」ととらえてみます。

クライエントから自動的に伝わってくるもの（シンパシーのレベル）

ひとつは、生き物としての自動的な共鳴です。心理臨床には、セラピストがクライエントから見えないところに引っ込み、生きているセラピストの身体をなんとか隠そうとしてきた歴史があります。なんと身体的アプローチにも同じ傾向があります。でも、姿を現したその瞬間から、声を発したその瞬間から、セラピストの身体からは隠しようなく「私」が滲み出て、あるいは溢れ出ていて、クライエントと交流を始めています。

場面１：グループの参加者が８人、丸く並べた椅子に座って、セッションが始まるのを待っています。どの人も無言でぼんやりとした様子で、セラピストもかかわりにくさを感じながら準備をします。セラピストは準備が済むとその輪に入り、一人ずつ挨拶をしていきます。照代さん（仮名）が座っている前まで歩いて、目が合うようにかがみ、両手で握手して「こんにちは、山田です、よろしくお願いします」と言うと、照代さんはその時初めてセラピストが来ていることに気づいたかのように目を開き、笑顔で挨拶を返してくれます。「お元気でしたか？」と聞くと、眉が下がった悲しげな表情で「しんどいです」「若い頃に戻りたい」と言われます。深いため息のような声に、セラピストも身体が重くなります。

正面から目を合わせたり手を握ったりすることで、セラピストは言語的表出の少ない照代さんのことを、また照代さんは（何度もお会いしていても）ストレンジャーであるセラピストのことを、お互いの身体で感じ取りやすくなります。そこで自動的な響き合いが生じ、痛みが伝わってくると、人としてのふつうの感覚では、慰め、元気づけ、どうにか痛みを和らげてあげたくなります。ですが、そのような無意識的な反応だけでは、一時的に気を紛らわすことはできても、それ以上の役には立ちません。セラピストにできることは、「痛みを和らげてあげる」ことではなく、自分と相手の違いを前提として、その痛みについて自分の身体で感じ取り、認識し、理解を試みることだからです。

クライエントを他者として理解しようとすることで得られるもの（エンパシーのレベル）

次の事例は、別の回の一場面です。

場面2：清子さん（仮名）に挨拶をすると、いつも「まあ、今日は体操をするの？　私、体操部だったのよ」と、学生時代や子どもの頃の話をしてくれました。清子さんのお祖母さんに「女の子なのに体操なんて」と反対されていたことや、試合ではいつも強豪校に勝てなかったことを繰り返し語られました。座っているとすぐに眠そうになり、だんだん目が閉じていく清子さんですが、力強い動きが得意で、セラピストと目が合うと、キラッと目が輝き、「ハッ！ホッ！」とお互いにポーズを決めて笑い合う、という楽しみ方ができました。そのキビキビしたダイナミックな動きは、座って話しているときの上品でふんわりした雰囲気とは全く違うもので、少女のような茶目っ気に溢れていました。

入居してしばらく経っても「毎日デイケアに来ている」と認識している清子さんは、毎日夕方になると帰宅したいと言い、夜も熟睡しにくいとのことでした。清子さんにとって、今・ここにいる自分という感覚が不確かであるかもしれない中で、「体操」は青春時代に打ち込み、まさに「身に」つき、家族や友人との思い出と結びついた、確かな体験であるようでした。

清子さんにとっての「体操」は、セラピストにとっての「体操」と全く意味が違っているはずです。セラピストの「体操」の経験から清子さんの経験を類推すれば、ズレた理解になってしまうでしょう。Rogers（1957/2001）は共感を「クライエントの私的世界をそれが自分自身の世界であるかのように感じとり、しかも『あたかも……ごとく』という性質（“as if” quality）をけっして失わない」ことである、と説明しました。「自分自身の世界であるかのように」感じ取ることは、「わかる！　私も！」という、「自分の世界を中心とした」同調とは違います。しかし、相手の世界を想像するためには、やはり自分自身の痛みの経験を「使って」想像することが必要です。セラピストは、「不確かなこと」の中の「確かなこと」をめぐる経験をかき集めて、清子さんの生きている世界を想像しました。たとえば、言葉が通じない外国で道に迷った時のような、世界がひっくり返ってしまうほどの不安や、自分には何もできなくなってしまったかのような無力感。その中で思いがけずよく知っている何かに出会ったときのような、喜びと安堵感。年齢や立場など関係なく、私が私のままでここに居て、好きなように動き、人とかかわれるという能動感。清子さんと一緒に動きながら、セラピストはそうやって自分自身の身体的体験を蘇らせ、自分とは異なる清子さんの体験世界を想像しようとしていました。

セラピストの内側の深いところにある痛みとしてクライエントと通じ合うもの（コンパッションのレベル）

意識的な理解を試みても、クライエントの痛みがわからないときがあります。そこを深く探っていくと、セラピスト自身の個人的な、まだ消化されていない、痛みが見つかることがあります。苛立ちや不全感がそのサインであったりします。

場面3：実はセラピストは、このグループセッションの「参加者にとっての意味」に確信が持てずにいました。セラピストに「付き合ってくれている」だけなのではないか、もしセラピーとして何らかの「効果」があったとして、それが参加者の「これからの人生」にとってどういう意味があるのだろうか……と思い悩んでいました。

そんな時、千代子さん（仮名）を中心とした印象深い経過がありました。セラピストは千代子さんの症状が少しずつ進行していっている様子を切なく感じていました。ある日のセッションで、グループは「憧れのハワイ航路」の曲に合わせてフラを踊っていました。この曲は「船に乗ってハワイへ旅行する人の視点」で描かれています。その歌詞に合う振り付けをその場で一緒に考えながら踊っていると、即興的に自由なイメージが展開する場面がありました。1番の後半の「船が出港する場面」の歌詞に合わせて、誰かが「さようならー」と言いながら船を見送るジェスチャーをしたのです。すると千代子さんが何か気持ちのこもった表情で、じっと上の方を見上げていました。

その後、別の回で、また「憧れのハワイ航路」を踊っていた時、千代子さんは「さようならー！　待っててね、まだ迎えに来なくていいからねー！」と言いながら、おそらくイメージの中の船に向かって、手を振りました。胸に迫る情景に引き込まれ、セラピストも一緒に手を振っていると、千代子さんの隣にいた静枝さん（仮名）が「さようなら、もう会いません」と、やはりおそらく船に向かって、きっぱりと言いました。そばにいたスタッフが「静枝さんはそうやって別れてきたんですね。人生いろいろありますよね」と共感し、セラピストは「そこをなんとか……」と、静枝さんが別れた相手のつもりで演じ、グループの中に笑いが起きました。

セッションの中では気づかなかったのですが、あとから考えてみると、この場面でグループが自然に共有していたのは、「船に乗って旅立つ視点」の歌詞とは逆の「遠ざかっていく船を見送る視点」でした。セラピストは、その時に共有されていたものはこちらの世界からあちらの世界へのラブコールであり、情愛と喪失をめぐる体験が表現されていると感じていました。千代子さんは「さようならー！　待っててね、まだ迎えに来なくていいからねー！」という呼びかけと身振り（ダンス）によって、送る側としての体験を見事に表現し、胸におさめたのではないかと思いました。そして静枝さんやセラピストをそのイメージに引き込み、それぞれの喪失のイメージを浮かび上がらせました。セラピストの「そこをなんとか……」は、こちらの世界に置いて行かれる人としてのとっさの反応でした。

セラピストにセッションの意味がわからなくなりかけていたのは、「置いて行かれる人」としての自分の痛みをしっかり抱えられていなかったからなのだと思います。セラピスト自身が、自分の身近な人たちの死をどう受け止めたらいいか、クライエントをどう見送ればいいか、わからずにいたのです。でも、誰しも、誰かを亡くし、見送り、やがて自分もそこに向かっていくのです。千代子さんの見事な表現に触れ、千代子さんの痛みと自分自身の痛みが通じ合ったことで、セラピストは、自分もいつか、大事な誰かが待っているそちらへ行くのだ、という気づきをしみじみと味わうことができました。そしてもし、このセッションが言葉だけに焦点を当てたものだったとしたら、千代子さんのイメージが皆をここまで引き込むことも、セラピストが自分自身の痛みを脇に追いやらずにしっかり味わうことも、難しかっただろうと思いました。

からだごとの共感と、セラピストの痛みを抱えること

「治療的アセスメント」を提唱したFinn（2007/2014）は、アセスメントの結果からクライエントを理解しようとする際には、自分の中の「クライエントとよく似た部分」を見つけ出し、認め、深い理解と慈しみを感じる作業が必要であり、さらにそれが「査定者として最もやりがいのある、刺激的な部分」であると述べています。「クライアントに心から共感するために（略）クライアントを苦しめている葛藤、力動、感情の『自分版』とでもいうものを、絶えず自分のなかに見つける努力」をするということは、アセスメントに限らず心理臨床全般に通底するコンパッションを深め、活用する作業です。そう考えると、セラピストが自身の痛みに取り組むことは、クライエントの痛みに通じるドアになり得ます。

心理臨床では、セラピストにも心の痛みがあり、さらに心理臨床実践の中で傷つき痛むことが広く知られており、セルフケアや自己研鑽の必要性が教えられます。ですが、セルフケアや自己研鑽の結果として何が得られるのかは、はっきりとは示されていません。痛みに対処すれば、痛みが消えて、強くて健康な人になるのかといえば、そうではないと思います。対処し続けることは大事ですが、セラピストとして得た痛みは消えることはなく、また生きている限り

新たな痛みが生じます。痛みを抱えるとは、セラピストにとっても絶妙なバランスが求められる、けして放棄できない、自分の身体と切り離せない営みです。

もっと「からだごと」を目指して

セラピストがからだごとの共感をするには、クライエントの痛みに寄り添おうとする中で、セラピストに賦活される痛みをしっかりと抱えることが必要で、それによってクライエント理解のヒントが得られます。そうやってセラピストが痛みを抱え、取り組むことと、クライエントが痛みに取り組むことは、パラレルにつながっています。

以上が、本稿で掲げた問いへの、現時点での私の回答です。これまで私は主にグループでのダンスセラピーセッションの中で「からだごと」の共感を実践し、考えてきました。これからは座って言葉で対話する個別面接の中でも「からだごと」の共感を深めていきたいです。そして心理臨床を「からだごとの実践」としてとらえ直していきたいと思っています。

〔文献〕

Finn, S. E.: In Our Client's Shoes: Theory and Techniques of Therapeutic Assessment. New York, Psychology Press, 2007.（野田昌道・中村紀子訳『治療的アセスメントの理論と実践―クライアントの靴を履いて』金剛出版、2014年）

Gendlin, E. T.: Focusing (2nd ed). New York: Bantam Books, 1981.（村山正治・都留春夫・村瀬孝雄訳『フォーカシング』福村出版、1982年）

Gray, A.: Tending the Helper's Fire: Movement as Self-Care and Compassion Practice for Trauma Focused Therapists. 2014 ADTA Conference Proceedings, 2014.

Klein, J.: Interactive Focusing Therapy: Healing Relationships. Illinois: Evanston, 2001.（諸富祥彦監訳『インタラクティヴ・フォーカシング・セラピー――カウンセラーの力量アップのために』誠信書房、2005年）.

Neff, K.: Self-Compassion: Stop beating yourself up and leave insecurity behind. London: Hodder & Stoughton, 2011.（石村郁夫・樫村正美訳『セルフ・コンパッション―あるがままの自分を受け入れる』金剛出版、2014年）

Rogers, C. R.: The Necessary and Sufficient Conditions of Therapeutic Personality Change. Journal of Counseling Psychology, 21, 95-103. 1957.（伊藤博・村山正治監訳「セラピーによる治療的変化の必要にして十分な条件」『ロジャーズ選集（上）』誠信書房、2001 年）

田中千穂子『心理臨床への手びき―初心者の問いに答える』東京大学出版会、2002 年

テスターはこころをつかえるか

平野真理

はじめに

心理臨床と聞いて何をイメージするかはさまざまであると思いますが、多くの人が抱くイメージは、セラピストとクライエントが緊張の中で出会い、少しずつ信頼関係を築きながら、対話を繰り返し、そして何らかの変化があったりなかったりして、別れていく、というように、「関係の深まり」と「時間の積み重ね」が存在するものではないでしょうか。しかし心理の仕事には、関係性の制約や、時間の制約の中で行われるものもあります。その代表的なものが、心理検査です。心理検査での関わりは、１回から多くても数回きりであり、客観的な評価を損なわないために、テスターは不必要な発話を避け、安心できる環境に徹することが求められます。したがって、クライエントとの関係を深めていくことも、介入を行うこともありませんし、場合によっては検査の結果に先入観を影響させないように、なるべく踏み込んだ情報を得ないようにすることもあります。

私が心理として初めて働くことになった現場は単科の精神科病院でしたが、そこでの主な業務は心理検査でした。同時期にさまざまな現場で心理としてのスタートを切った同輩、先輩、後輩らとお互いの仕事の話をしたり、事例検討に参加する際に、自分がテスターであると言うことにはいつも引け目がありました。テスターの仕事は、決して簡単な仕事ではありません。慣れないうちは所見作成に膨大な時間をかけながら、病理や発達の知識に基づくアセスメントの力を磨いていく必要があります。しかし、ケースを持つことよりもライトな臨床であると見なされやすいですし、実際に、関わりの中での葛藤や苦しさを抱えることはケースに比べたら少ないといえます。そうした「こころをつかわない」仕事をしている自分は、他の人たちに比べて臨床にきちんと取り組んでいないという思いがずっとありました。

しかしその後、検査を通してクライエントを理解するという臨床を続ける中で、当初テスター業務に抱いていたシステマティックでドライなイメージとは異なる関わり——強く関心をもったり、思い入れをもったり、動揺したり、影響されたり、といった場面をたくさん体験しました。本稿ではそうした出会いを振り返り、検査という制約のもとの関わりにおいて、テスターがどう「こころをつかえるのか」について、考えたいと思います。

検査を通してクライエントの心を見つける
——テスター／私 → クライエント

私が勤務していた病院では、患者さんが入院された際に、ロールシャッハ・テスト、知能検査、描画やSCT等のバッテリーを組んだ心理検査が実施されることが多くありました。それらの心理検査は、主治医による診断や治療方針決定の一環として行われるため、テスターからご本人に直接結果をフィードバックすることは原則としてありませんでした。したがって一連の検査が終われば、その後ご本人とお会いする機会はなく、知らぬ間に退院していたというケースがほとんどでした。患者さんの多くは統合失調症の方で、基本的には症状が悪化した状態で入院されます。そのため心理検査の実施はしばらく落ち着くのを待ってからになりますが、その時点でもまだ思考障害や妄想が残っていたり、注意集中が続きにくい状態であることもしばしばです。

隔離された部屋で1ヶ月ほど過ごした患者さんにお会いするといつも思うのは、まるでずっと前からこの場にいたかのように、すっかりと病院に馴染んでいるように見えることです。皆と同じ病院着を着ていることや、投薬の影響もあると思いますが、その患者さんが少し前まで街の風景の中を歩いていたことはなかなか想像できません。そのように個性が削がれてしまったように見える患者さんに検査を実施するときは、まるで「病理」を相手に検査をしている感覚になります。

しかし実際に検査を開始してみると、佇まいからは想像もつかない意外な能力の高さを知ることができたり、驚くほど素敵な絵が描かれたりすることがあります。そうした発見をするたびに、私の中に喜びや期待のような感情が沸き上がりました。例えば、何をたずねてもか細い声で「はい」と答えるだけで、言語表出の乏しい、軽度知的障害の診断をもつ女性に知能検査を実施したときのことです。予想通りほとんどの課題に答えられなかったのですが、「場の状況を理解する」ことに関する課題だけ同年代の平均値をはるかに超えて高い点数を示しました。それは、その女性がこれまでの人生の中で、難しいことはわからないながらも、静かに周りの状況を読んで立ち回るということを一生懸命にやってきた歴史を物語っているようでした。

反対に、予想以上の思考の混乱や荒廃を目の当たりにすることや、ご本人の苦しさが垣間見えることもありました。ある中程度の知的障害をもった患者さんが、一生懸命に絵を完成させたのにもかかわらず、最後の最後にマジックで「黒い雨」を降らせて塗りつぶしてしまった時や、認知症を抱える男性に自由に文章を書いてもらうという課題で、「私はバケモノになってしまった」と書かれた時には、強く胸が痛みました。そのように、ポジティブな意味でもネガティブな意味でも、検査を通して外からは見えない患者さんの特徴を捉えることができた時には、テスターとしての評価的な役割をこえて、私自身の感情が大きく動きましたし、そうした患者さんたちの隠れた心を代弁することにテスターとしての存在価値を感じて、一生懸命に所見を書きました。

検査場面における人としての関わり
――テスター／私 ⇔ クライエント

検査を通して患者さんの内的世界を理解することに魅力を感じはじめていたころに担当したAさんとの検査の話をしたいと思います。Aさんは30代の男性で、緊張型と呼ばれる統合失調症の診断を受けた方でした。通行人への暴力によって入院措置となり、その時に比べると落ち着いてきたものの、何かのきっかけで興奮する時があるとのことで、私はいつもよりも身構えて向かいました。お会いしたAさんは、表情に緊張が強く、そわそわとした身体の動きもあり、まだ全身を精神症状が覆っているように見えました。目線も合いませんし、会話のやりとりもあまりなめらかに進みません。知能検査は時間も負荷もかかるので、なるべく不安を感じさせないように、手短に上手にやらないと最後までやり抜けないぞと気負って開始しました。開始してしばらくすると、やはりAさんは検査への集中が難しくなり、落ち着きなく体を動かしはじめました。今日はやめておきましょうかと提案すると、「ちょっと待ってください、大丈夫です」と言い、しばらくすると「続けてください」と検査に戻りました。しかしその後も、休憩を求めては戻るということが何度か繰り返されました。正直なところを言うと、この時私は、これ以上続けたらAさんのストレスが爆発して殴りかかってくるのではないか、という怖さを感じていました。なぜなら事前に読んだカルテには、Aさんがどんなに暴れて入院に至ったかの経緯が書いてあったからです。私は殴られたくありませんし、それ以前にそんなことをさせてはいけません。必須の検査ではないのだからとりあえず切り上げよう、と考えはじめたときです。Aさんの動きが急に止まったかと思うと、ポケットからおもむろに飴を一粒取り出して、テスターに見せ、「頭を使うにはぶどう糖が効くらしいので持ってきました。食べます？」と言いました。突然そのようにAさんから言葉のボールが飛んできて、私は呆気にとられてしまいました。しばらく間があって、私から出てきた言葉は「いいえ、大丈夫です」でした。Aさんは「そうですか」と言って飴を戻し、またそわそわと体を動かしはじめ、元の流れに戻りました。その後Aさんは、少しずつ検査に取り組み、二日かけて最後まで終えました。

検査を終えて部屋に戻った後、私はAさんが飴を差し出した、たった十秒のことが頭から離れずにいました。Aさんは病気のせいで、うまく頭が働かない自分をわかっていて飴を準備してきたのか。もしそうだとしたら、検査に対して相当に緊張しながらも頑張ろうとしていたのではないか。その努力を知らずに簡単に切り上げようとしたことをまず反省しました。そして、Aさんが飴を食べなかったということは、あの飴は本当に私にくれようとしたのかもしれない。Aさんの視界に私は映っていないと思っていたけれど、もしかしたら私が疲れてきている様子までも感じ取っていたのかもしれない。そのように考えを巡らせていると、いまは統合失調症という病理に包まれているAさんが、かつて、普通に人との関わりを持ち、気遣い、気遣われるというようなやり取りをしていたころがあったのだということが想像され、Aさんが「暴力リスクの高い患者さん」から「ひとりの人」に見えてきました。そして、Aさんは検査という場面で、私をテスターという非人間的な存在として認識するのではなく、感情を持ったひとりの人間として関わろうとしていたのに対し、私は関わろうとしていなかったのだという非対称性を突き付けられたように感じました。

テスターに求められる姿勢については、心理検査の背景理論によって多少の差はあれど、基本的には客観的で中立的であることが求められ、テストのパフォーマンスを邪魔しないことが最優先されます。例えば、ロールシャッハ・テストのエクスナー法の施行においては、テスターは被検査者の視界に入らぬように、斜め後ろに座ることが推奨されています。また、知能検査においては、本人の回答が正解か不正解かを悟られないように、たとえ上手にできたとしてもあまり褒めることはしません。検査中に、検査とは無関係の訴えや質問が語られ始めた場合には、それに応じることはせずに、ひとまず検査に集中してもらうことが一般的です。それは通常の人と人との関わりとしては不自然なあり方ですが、テスターとして熟達するためのトレーニングを受ける中で、私もいつのまにかそうした「こころを離す」あり方が身についてしまっていました。

通常のセラピーにおいて、セラピストが専門性をもちながらもひとりの人間としてクライエントに向き合うことがあるのと同じように、検査場面においても、テスターがひとりの人間としてクライエントと接することがあってもよいはずです。しかし、入院患者さんに検査を行う場合に少し難しいのは、彼らがまだ他者の存在を侵襲的と感じやすい状態であったり、情緒的な刺激を受けやすかったりする状態にあることが多いということです。したがって、「こころを離す」ことで固い枠を崩さないことを優先すべきケースもたくさんあります。そのように考えると、検査場面での「人と人としての関わり」は必ずしも言葉や行動のやり取りとして顕在化させる必要はないのかもしれません。重要なことは、患者さんとテスターとしての役割の後ろに「人」がいるということを認識して関わるということなのだと考えられます。

セラピーとして機能する検査の関わり
——テスター／セラピスト ⇔ クライエント

続いて、検査場面でのもう少し治療的な関わりについて見ていきたいと思います。心理検査のなかでも描画を用いた検査については、その他の検査とは少し位置づけが異なることが多いといえます。とりわけ風景構成法については心理療法の一つとして捉えた方が適切であり、どのような絵を描いたかということ以上に、その絵を通したクライエントとセラピストのやり取りこそが治療的な意味を持つという共通理解がなされています。それらの実践については、中井久夫先生の解説をはじめとして、多くの事例と考察が提供されています（角野、2004；古川、2015など）。

私がいた病院では、風景構成法をセラピーとして用いることは行われていませんでしたが、おそらく過去にそうした治療的体験があるのではないかと思う方とお会いしたことがあります。Bさんは、統合失調症を発症してもう40年ほど経つ50代の男性で、いわゆる残遺型とよばれる、感情の鈍麻や活動性の低下といった症状が残っている方でした。20年ほど入退院を繰り返したあと、中年期以降はひどく症状が悪化することなく穏やかに独居生活を送られていたようですが、最近になってまた少し不安定になり入院に至ったとのことでした。お会いしたBさんは、硬い表情で生気がなく、情緒的な反応もなく、最低限のエネルギーで生きていらっしゃるように見えました。描いてもらった風景構成法は、白い部分が多く寂しい印象を受けました。その後、絵について質問をすると、私の問いかけに対してポツリポツリと答えるばかりでした。しかしその会話の中でBさんはおもむろに、「昔、同じのをやったことがあります……（20代の頃に入院していた）○○の病院で……川に魚を描いてくれました……〈え？どなたが？〉……そのときの先生が……川に魚を描いてくれた……」と話し始めました。急に、それこそ川が流れ出すかのように話し始めたBさんに驚いたとともに、何十年も前に、検査場面で行われたセラピストからの関わりが、こんなにもエネルギーが乏しくなってしまったように見える現在のBさんの世界に未だ生き続けているという事実に心から驚きました。

私自身は、風景構成法をじっくりと治療的に用いる機会はほとんど持てませんでしたが、それでも何名かは、描画の時間を治療的に体験してもらえたように思えた方もいました。例えばCさんは、通常長くても30分程度で終える風景構成法を、2時間もかけてゆっくりと完成させました。Cさんは、自分のやりたい仕事のやり方と、周囲から求められるやり方の折り合いがつかずに心身の状態を崩し、適応障害の診断で入院されていた男性でしたが、完成した描画は細部まで細かなグラデーションで彩色されており、ご本人のこだわりが感じられました。昼食時間がとっくに過ぎても彩色は終わる様子がなく、何度も切り上げようと思いましたが、仕事を志半ばで辞することを余儀なくされたCさんの背景を知っているために、作業を止めることははばかられました。絵を完成させたCさんは疲れた様子もなく、「けっこう思ったように塗れたと思います」と嬉しそうにおっしゃっていました。

検査を通してクライエントから影響を受ける
――テスター → クライエント → 私

最後に少し違う観点から、私自身の心がクライエントから影響を受けた関わりについて書きたいと思います。Dさんは双極性障害の診断を持つ50代の男性で、躁状態になると街中で激しい問題行動を起こしてしまい入退院を繰り返していた方でした。お会いした第一印象は「笑顔で機嫌のよいおじさん」でしたが、まだ少し軽躁状態で、話し出すと言葉が止まらなくなってしまう状態でした。ロールシャッハ・テストを実施することになりましたが、案の定、反応は止まりません。図版を渡した0.1秒後から始まるマシンガントークに、「ではこの辺で……」と適度にセーブをかけ続けなければなりません。そして、その反応内容は想像以上に滅裂で妄想的な話が展開されるばかりで、見た目よりもずっと大変な状態の患者さんなのだと思い知らされ、初めに抱いた「笑顔で機嫌のよいおじさん」のイメージはすっかりと崩れてしまいました。私は、次から次へと繰り広げられる、謎の反応を記録する速記マシーンと化しながら、「これも、これも、これも、形態水準はマイナスだな……」とすでに頭の中でスコアリングを始めていました。最後の図版になったときです。図版を見せるや否やDさんは「サージェント・ペパーズ！」と顔を輝かせました。またよくわからない単語が出てきたと思いながら記録を続けていると、Dさんはなにやらエアギターで歌いながら、「ビートルズ！　聞きたい！　サージェント・

ペパ〜ズ♪」と続けます。もちろん、その反応についての明確な説明は得られず、ひとまず検査を終えました。C さんは機嫌よく、意味の分からない独り言をしゃべりながら帰っていきました。

すぐに終業の時間だったので、スコアリングは翌日にして病院を後にしたのですが、帰る道すがら、どうしてもその「サージェント・ペパーズ」とやらが気になるのです。そこで電車の中で携帯を使ってインターネット検索をしてみたところ、そこにはなんとロールシャッハの最終図版がありました。というのは言い過ぎなのですが、かなり似た画像が出てきたことに驚きました。D さんは、ただ滅裂な話をしていたわけではなかったのです。そしてその 1 週間後、私は中古 CD ショップでビートルズの『Sgt. Pepper's Lonely Hearts Club Band』のアルバムを購入していました。それは数年経った今も、私の音楽プレイリストに残っています。

その後 D さんとお会いすることはしばらくなかったのですが、半年ほど経った雪の日に、外廊下で子どものように雪を触る D さんを見つけました。随分と落ち着きを取り戻されていて、表情も穏やかでした。普段、検査を担当した患者さんに声をかけることはあまりないのですが、その日はたまたま珍しい雪があったので、「きれいに積もりましたね」と声をかけることができました。D さんは「パウダースノー！」と言い、小さな雪だるまを作りはじめたので、私も一緒に作りました。少し迷った後で、「私、サージェント・ペパーズの CD 買ったんですよ」と言ってみました。D さんは、「サージェント・ペパーズ！あれは名盤だよね！」と笑顔をみせました。そして、そのまま C さんは作業療法室へ、私は病棟業務に向かいました。D さんとの検査を通して、私は D さんという人からの影響を明らかに受けたといえます。そして恐らくそのことは、D さんの記憶には残っていません。私が検査を通して患者さんと体験したささやかな関わりの多くは、このように患者さんの記憶には残らないものであったように思います。

テスターのこころはどのようにつかわれるか

私が心理検査を行う中でこころをつかってきた場面を振り返り、
①検査を通してクライエントの心に触れる場面、

②検査場面で垣間見える「人として」のクライエントに触れる場面、
③検査を通した治療的な関わりの場面、
④テスターがクライエントから影響を受ける場面、
を取り上げました。①や③については意識的に行うことのできる関わりですが、②と④については、出会いの要素が強いものです。

先に述べたように、私が体験した④の関わりは、クライエントの記憶にはおそらくほとんど残っていません。ではその関わりは、テスターの中で完結してしまうものなのかというと、そうとも言えないように思います。なぜならば、テスターがクライエントから受けた影響は、テスターのこころに、他のクライエントとの関係性における新たなアンテナをもたらし、②の関わりへの開放性につながるという循環があると考えられるからです。わずか数回の検査の中では、クライエントとテスターの「関係の深まり」や「時間の積み重ね」は生じませんが、そうした関係性の深化はテスターを媒介として、過去のクライエントから未来のクライエントにつながっていくかたちで存在しているといえるのかもしれません。

心理検査の強固な枠は、クライエントとセラピストの関係を制約しますが、その制約は自我が弱っているクライエントを守ります。検査という枠の中でなければ、病理の重いクライエントの心に触れる機会はなかなか得られません。そしてその制約は、同時に未熟なセラピストの心も守り、セラピストがこころを自由につかうことをサポートします。もし私が当時、テスターとしての制約を受けずに患者さんと関わっていたとしたら、おそらく彼らの圧倒的な病理と苦しみにこちらのこころが飲み込まれてしまいそうになることへの防衛的な反応を起こし、患者さんの「人として」の側面や、自らの「人として」の側面を、いまほど重要視できなかったのではないかと思います。これまで検査で出会った、一度しかお会いしたことのない多くの患者さんによって、現在の私の人間理解の視座がかたちづくられています。

〔引用文献〕

角野善宏『描画療法から観たこころの世界―統合失調症の事例を中心に』日本評論社、2004 年
古川裕之『心理療法としての風景構成法―その基礎に還る』創元社、2015 年

多職種で担う「心のケア」に生かしたい心理士の専門性とは？

坂井玲奈

はじめに

医療現場で「心のケア」が自然と患者支援に組み込まれるようになった今、心理面の支援はそれぞれの職種の患者支援の柱のひとつとなりつつあると思います。私は周産期の医療機関で勤務をしていますが、「心のケア」に高い関心をもっているスタッフが多く、十数年前に仕事を始めた当初より「心のケア」は多職種で担うものなのだと感じる支援体制がありました。したがって臨床心理士または公認心理師（以下、心理士）という心理の専門職として配属されている身としては、より一層専門性を自覚していなくてはならないと思ってきました。そして、心の専門家ともいわれる心理士が、医療現場での「心のケア」にどのように貢献できるのか、という問いを常に持ち続けてきました。臨床心理学の知識をベースに心理療法や心理検査を用いて面接やアセスメントを行う、カンファレンスでケース検討を行う、コンサルテーションを行うなどは心理士の専門性として他職種からもイメージされやすいところかと思いますし、実際にこうした関わりの依頼も多くあります。ですが、日々私が携わっている「心のケア」をそういった専門性だけで説明をしようとすると何かすっぽり抜け落ちてしまう部分があるように感じます。私がお会いする患者の中には、困り感やつらさを自覚されて相談に来室される方もいますが、妊娠・出産・育児にまつわる何か大きな出来事に心が揺らいでいるような方の場合は、患者希望がなくても関わりを始めていきます。特に後者のような患者と接する際、上記のような専門的知識を活用した関わりよりももっと基盤的な関わりが主となるようにも思います。そういった関わりは、私が心理士として臨床をする中で大切にしてきた部分でもありますが、その中に多職種で担う「心のケア」に貢献できることが含まれている気配がします。そこで本稿では、私自身が大切にしてきた関わりを振り返ることから、「心のケア」に生かしていきたい心理士の専門性について考えてみたいと思います。なお、事例の内容は個人が特定されることのないように改変しています。

言葉にならない心の声を掬い上げる

患者からの希望がなくても心理士が関わるケースの中に、表出が少なくスタッフが対応に苦慮する患者として若年妊婦がいます。想定外の妊娠で来院される若年患者の多くは、病院のスタッフと話すことに積極的ではなく、本人の意思や希望を確認しながら進めて行くという通常の関わりが難しくなることがあります。特に、妊娠継続や養育について迷いがある場合、どのように意思決定や心理面の支援をしていけると良いかが課題となります。初診でお会いすると、何を聞かれるか本人たちも予測をしてきているのでしょう、まるで学校の先生に問われて答えているかのように淡々と経過の事実について話し、どこかから引っ張ってきたかのような文言で自分の状況を表現します。ところが、どうしたいか、どう思っているかなどを聞かれると途端に言葉数が少なく曖昧になり、自身の内面を把握していない、もしくはそれをどう表現してよいかわからないという傾向が見られます。こうしたとき、いわゆる心理療法で用いる面接技法やアセスメントももちろん活用しますが、患者と向き合う中で生じる感覚を頼りにする部分が大きいように思います。患者自身が何をどう感じているかが不明瞭なときは特に、患者に言葉で説明をしてもらうことは難しいため、まずは話をしていく中で患者がどう感じているかを私自身が感じ取ろうと神経を研ぎ澄まし、患者の少ない言葉や表情や姿勢やその他背景情報などから導き出した仮説に、今度は患者にフィットするような言葉を当ててみて、こんな感じでしょうか？　と投げかけて、それに対する患者の微細な反応を受け、修正をしていく。この、患者の心に相談をしていくような作業は、心理臨床の基本でありどの臨床現場でも行われていることだと思いますが、周産期領域でも時間をかけて丁寧に行っていることのひとつです。それは、妊娠出産のようにある一定の時期を過ぎると止めることができない、自分の力ではどうにもできない状況下に置かれた患者が、この作業の繰り返しで、納得とまではいかなくとも、状況を受け入れていくことに繋がるからではないかと思います。

あるとき、生まれてくる赤ちゃんの養育をめぐって対立している若年の妊婦、葵さんと葵さんの母（以下実母）に出会いました。最初の頃葵さんは、「まだ学生だから」とか「お母さんはこう言っている」など状況は言えるけれども、葵さん自身がどうしたいかは表現しにくいようでした。葵さんから語られる少ない言葉を頼りに面接を重ねるに連れて、赤ちゃんの養育はせず今の学生生活の継続を優先したいという希望が明らかとなり、同時に、迷いや自責の念に揺らぎ、いのちが誕生することの重みを感じている様子もうかがえました。一方実母は、娘は命を軽視していると反対の姿勢を崩しませんでした。葵さんと実母の言葉の背後には「育てないなんて私はひどい人なの？　お母さんを傷つけてしまった。お母さんにわかってもらいたかった。」「娘の選択が許せない。それを受け入れてあげられないことも苦しい。」というような言葉にならない痛みが見え隠れしていましたが、それぞれ抱える傷つきには気を留めることなく、養育をどうするかという大きな難問に必死に挑もうとされていました。大きな決断の前では大したことがないように感じられてしまいがちになりますが、その時々の心の声を掬い上げ、それをなかったことにしないでいい、大切にしたい、というメッセージを込めながら、私は葵さんや実母とお会いしていきました。面接では同じような表出が何度も繰り返され、なかなか進展しないようにも思えましたが、その後急展開を迎え、葵さんは赤ちゃんを養育することに決めました。何故気持ちが切り替わったかは葵さん自身もわからないようでしたが、面接の中で繰り返し自分の気持ちと向き合うことで葵さんの中で変化が起きていたのではないかとも思います。先を急ぐ患者や、場合によってはスタッフに対し、大事なことなのでちょっと立ち止まって心の中で起きていることに目を向けてみませんかと投げかける専門職が一人くらいいても良いのではないかと思っています。とはいえ、医療の現場で患者の「心のケア」ばかりが優先されるわけにはいきません。ただ、患者の置かれている医療的な状況も考慮しながら、患者の心の状況について他職種よりは遠慮なく少しばかり大きな声で主張させてもらえるのが心理職の特権かもしれません。

体験が心の中で位置づけられていく過程

先の葵さんは未成年であり赤ちゃんの親権者は実母のため養育については実母に決定権がある、もしくは、家族の問題のため家族で決めたことを「心のケア」も含め支援していくことで、妊産褥婦を支援する医療機関としては十分な対応かもしれませんが、どうするかという選択の結果だけでなく、選択の経過を支援する病院も増えてきているように思います。それは単に、例えば、妊娠継続をするか否か、出生前診断を受けるか否か、赤ちゃんを養育するか否かなど正答のない問いに直面することで患者に強いストレスがかかると推察されるからというだけではなく、どのように選択がなされたか、また、その経過を患者がどのように体験したかによって、その後患者の心理面や生活に違いが生じるという視点が、妊娠期からの切れ目ない支援が重視される今こそ必要となってきているからではないかと思います。

妊娠中から赤ちゃんの養育を迷っていた楓さんは、出産後、一度は自分で育てることを希望したものの、最終的には特別養子縁組を選択し、自分よりも幸せに育ててくれる家族のもとへと身を切るような思いで赤ちゃんを手放しました。楓さんに産後健診でお会いしたとき、赤ちゃんの最近の様子を嬉しそうに教えてくださった後に、「すごい決断をしてしまったんだなと思って」と涙がとまらなくなりました。その楓さんは妊娠中「子どもの泣き声がきらい」と話されていたのですが、面接時、外で泣き声が聞こえると「嫌じゃなくなりました。にやにやしちゃいます。」と仰いました。悲しくはならないですか？　とうかがうと「なりますよ」とさらりと言ったその笑顔に背筋がすっと伸びるような強さを感じたことを今でも鮮明に思い出します。わが子を手放さざるを得なかった楓さんの心の痛みは、その決断をするまでも、決断したときも、産後健診でお会いしたときも、変わらず存在していましたし、今後も消えることはないようにも思います。ですが、痛みの抱え方が変わったように思いました。最初の頃、楓さんは妊娠に対する戸惑いが大きく、赤ちゃんのこともどう捉えていいかわからないようでしたが、生まれてきた赤ちゃんを目にしたときの楓さんは、それまで見せたことのない柔らかい表情を浮かべ、遠目で見守っていた私の中で「赤ちゃん」ではなく「わが子」という表現がしっくりきた瞬間でした。楓さんにとってわが子の捉え方が変わり、そのことにより、今回の妊娠出産という体験、そして手放したわが子の存在を自分の心の中でどのように位置づけていくかが変わったように思います。

その妊娠出産や赤ちゃんの感じ方の変様についてもう少し考えてみたいと思います。若年妊婦の瑞月さんは事情があり、赤ちゃんを諦める決断をしなくてはなりませんでした。赤ちゃんの生を諦めることは大人でも大変なことであり、まだ精神的にも未成熟な瑞月さんが経過の中でどのような反応をするかも予測しにくく、助産師や主治医と関わり方について相談を重ねました。瑞月さんは元々あまり内面を表に出さないとのことで入院中も表出が少なかったのですが、心を閉ざしているというよりは、心が停止して窮屈そうに見えました。ふと私の中にプレイセラピーのイメージが浮かび、生まれてくる赤ちゃんのために洋服を作ることもできると提案してみると、本人の希望もあり、病室で洋服を一緒に作ることにしました。赤ちゃんのことは話しませんでしたが、布やリボンを真剣に選んで作っている様子から、以前よりも瑞月さんの中で赤ちゃんの存在がぐっと近いものになっていることが感じられました。出産後は、亡くなった赤ちゃんと会う予定でしたが、瑞月さんのタイミングを待ち、実際に会ったのは半日ほど経ってからでした。多くの母親が初めてわが子を抱っこするように、すわらない頸に気をつけながらゆりかごのように丸めた両腕の中に赤ちゃんが包み込まれたとき、「かわいい」と言う瑞月さんの表情はあどけなく、しかし同時にわが子を慈しむ母親でした。赤ちゃんがかけがえのない存在になるほど、赤ちゃんの生を諦めるという自分の選択の是非に直面せざるを得ない状況だったと思いますが、入院中は赤ちゃんとの穏やかな時間を大切に過ごされていました。しかしその後、産後健診までの間に、瑞月さんはその苦しさに立ち向かい、自分の選択をふりかえり、自分なりに受け止めるという心の作業を一人で成し遂げていたことがわかりました。「苦しかったですね……大きなことを抱えて過ごしていたのですね。ひとりでよくがんばりましたね。」と思わず声をかけたときに、初めて、大きな一粒の涙が瑞月さんの目に浮かび、瑞月さんが向き合ってきた、そしてこれからも抱えていくいのちの重さがうかがえました。

楓さんや瑞月さんが自身の抱える痛みと直面し心の作業ができたのは、お二人の元々の力もあるとは思いますが、赤ちゃんと出会い、赤ちゃんの存在そのものを大切に思えたことも後押しとなったのではないかと思っています。多職種スタッフが手探りながら患者の思いを推し量り、患者のタイミングで治療やケアを進め、また、生きていても亡くなっていても生まれてきた赤ちゃんに唯一無二の大切ないのちとして関わる。そういった院内での関わりが、患者の心を守り、患者が自分のペースで自分の気持ちや赤ちゃんと向き合っていくことに繋がり、その中で母子の関係が育まれ、赤ちゃんが患者の心の中に位置づけられていくように思います。出産後の時間は限られているため、楓さんや瑞月さんのときのように患者のペースを尊重できなかったこともあります。お腹の中で亡くなった赤ちゃんにほんの一瞬会えた直後から、様々な手続きの話が立て続けに行われ、後に「気持ちをえぐられた気分」と表現された母がいらっしゃいました。私は、忙しく人が出入りする様子を見ながら胸騒ぎがしていたにもかかわらず、必要な支援が沢山ある中で母の心のペースを優先することの提案ができずに一歩引いてしまっていました。その方は、その後も赤ちゃんと過ごすことはなく、退院後も赤ちゃんを受け止めることの困難さが窺え、母と子となっていくための時間を守ることの大切さを改めて胸に刻んだケースでした。そのような母子の時間を守るためにも、生まれてきた赤ちゃんと母が出会っていく経過の中で生じる心の動きを丁寧に追い、患者が心理的に体験していると思われることを適切に多職種に伝えていくことが心理士に求められているように感じます。

患者と関わるスタッフの心の動き

患者と関わるスタッフもただ機械的に手足を動かしているわけではなく、親身になる分、心も動きます。患者の心の動きと比べると一層見過ごされてしまいがちになりますが、スタッフの心に浮かぶ「もやもや」も丁寧に扱いたいところです。

重症仮死状態で生まれた実くんは、脳の損傷が見つかり、将来的に身体的麻痺や精神発達の遅延が予測されました。母は、実くんはかわいいけれども、障害は受け入れられないと治療や育児参加を拒否していた時期もありました。最初はスタッフも母のペースを見守っていましたが、徐々に「いつまで待つのか」という声が聞こえ始め、数か月経った頃、母が、沐浴はするけどリハビリはしないと断ったとき、スタッフの限界が訪れました。「母がやりたいことだけをしているのではないか。これは児のためにも母のためにもならないのではないか。もっとケアを進めたほうが良いのではないか。」生まれた直後から何度も生命の危機を乗り越えてきた実くんを懸命にケアしてきたスタッフは実くんのがんばりをとても近くで見ているわけですから、そのように感じるのも無理はありません。そういったスタッフの声を受け、私はカンファレンスや個別に話をする場での発言からスタッフの中で何が起きているかを想像し、障害受容に時間がかかることを重々承知しているけれども母の行動を容認できない葛藤の最中にいるスタッフに何を伝えれば腑に落ちるのか悩みました。その結果「抱っこや沐浴はどの家庭でもやることだけれども、リハビリは母の中では特別なことであり医療的なケアに分類されているのかもしれない。母は実くんと母子の時間を積み重ねながら、わが子に医療的なケアが必要であることに直面する準備をしているところなのでは。」と投げかけてみました。これでスタッフの「もやもや」が解消したわけではないでしょうけれども、もう少し母の心の準備を待つ方向で考えてもらえることとなりました。

患者の命を背負っている医療職にとってその危機感が大きいほど自分の患者の視点に寄りやすくなることは当然ですし、それは必要なことのように思います。心理士はそういう意味でも複数の対象者の視点を持ちやすい職種であり、また、複数の視点の相互作用を考えていく役割もあると思っています。スタッフが考えるように、実くんのためにも母が育児手技も医療手技も習得をして退院を目指せるようになることは望ましいことではあります。一方、実くんにとって母とNICUで過ごす時間も特別でした。母が心から実くんをかわいいと思って面会に来られていることが実くんにも伝わっていることは誰が見ても感じられましたし、実くんにとってNICUでの生活が「日常」である中、そのような時間が持てることは彼の成長発達にもメリットが大きいといえます。その母児にとって大切な面会時間を豊かに過ごしてもらうために、どのように母の心の準備を見守るかについて、その後もスタッフと話し合いを重ねました。実くん、母、スタッフ、それぞれの感じることが互いに影響し合う中、実くんは成長し、母は実くんを受けとめようとしてゆかれる過程がそこにはあったように思います。

「もやもや」は時にスタッフを苦しめるため厄介扱いされがちですが、心が動いているからこそ生じています。スタッフとそこでひと踏ん張りして、「もやもや」を起こさないことではなく何故起きているかを考えていくことは心をつかった患者支援の糸口を見つけるきっかけとなると思います。その集積により、今は多職種各々が母子と接し感じたことを軸に柔軟に関わりを提案できる体制があります。そして当たり前ですが、スタッフの中には心理士も含まれます。したがって、患者や他職種の心の動きだけでなく心理士が自身の心の動きにも目を向ける必要があると思っています。例えば私は前節の瑞月さんと関わっていた時期に、心の芯が疼くような痛みをしばらく感じていました。いつもなら比較的すぐに治めていけるのですが、そのときは時間がかかり、七転八倒しながら向き合うこと数週間、やっと痛みが生じていた理由がわかり解放されました。そしてその痛みの理解は、その後瑞月さんと会うために必要だったこともわかりました。周産期医療の現場では心を揺さぶられるような出来事は日々起きています。その中で、自分の心が感じることを頼りに患者と会っていく職種として、患者の過程に立ち会うことの重みとしっかりと向き合い、自分の心の動きを理解することは、患者やスタッフの心と向き合うために必要なことだと思います。そしてそれはまた、私自身を守り、心理士という仕事を続けていくために欠かせない作業ではないかと感じています。

おわりに

私が周産期領域で働く中で意識してきたことを振り返ってみましたが、妊娠出産育児のように大きな出来事の渦中にいる患者を心理士として支えていくには、まず患者と向き合い、そこで感じられることを丁寧にひも解いていくことでこの時期の繊細な心の動きが見えてくるのではないかと思います。そしてその前提のもとでこそ、いわゆる臨床心理学の知識が活かされた専門的な関わりが役立つように思います。医療機関では、医療の知識をもとに患者を治療、看護する医療職、専門的な知識を用いて患者に関わるコメディカルなど、明瞭で有効な技を持つ他職種に囲まれるため、つい心理士も何か目に見えて説明しやすい技で武装したくなりますが、心理士が感じようとしている患者の心の動きは分厚い鎧の中からでは感じ取れないことは、私も身をもって経験しました。自分の身（と心）ひとつで患者と向き合うからこそ、ともすると忙しくスピーディーな医療の現場では取るに足らないと判断されてしまうかもしれないような患者の小さな心の声にも気づき、それがどのような意味をもつかを考え、多職種と共有し理解を得て、ケアにつなげていくことができるようにも思います。私は心理士としてこのような関わりを通して、多職種による「心のケア」が重なり合いながらひとつの支援となる過程に貢献していきたいと考えています。

今回ふりかえる機会を得て、大学院で学んでいた頃は実は何のためにやっているのか摑めていなかったことが、一定の年月を経て振り返ると、断片として私の中に散らばっていたものが知らぬ間に繋がって、臨床の基礎を作っていることに気付かされました。特に、自分の中で生じた感覚を使っていくということは、院生の頃のワークからは実践が想像できず、感覚を使うらしいと頭で理解しただけではやはり実践はできず、よくわからないままになっていましたが、実際には一番臨床の場で生きているのではないかと思います。教わったことを自分で考えて、自分で実感して、自分の言葉にしていかないと血と肉にはならないとはこういうことかと思い至りました。それに関連してもう一つここ数年思うことがあります。臨床の場に出て最初の10年くらいは、患者と会っているときやケースについて考えている最中に、SVや授業での恩師の言葉が降って聞こえてくることがありました。最近そういえば少なくなったとふと思ったときに、大事な教えを忘れてしまっているのではないかと焦ると同時に、もしかしてほんの少しは私の血と肉となり、拙いながらも自分の言葉で表現できるようになった部分があるのかもしれないと思ってみたりもします。院生の頃、格好良くなくていい、泥臭い臨床をと先生に言われ、それはいったいどのように？　と思っていましたが、鎧を重ねず、自分の心と体を通して臨床を積み重ねていくことで得られたこの感覚がもしかするとそれに近いのかもしれないと最近は思っています。

うまくいかないケースから学ぶ心理士の役割とは？

森岡さやか

「うまくいかない」とは

私は心理臨床の仕事を始めて15年ほどになります。中堅の心理士ということになるでしょうか。小児科や小中高のスクールカウンセラー、大学の学生相談室等に勤め、幼児期から青年期の始まりの方々の相談を中心に受け持ってきました。いくらか経験を積んできたはずですが、今もケースの中で、私がすべきことは何だろうか、心理臨床とは何だろうかと分からなくなることがあります。この根本的な疑問に最も直面させられるのは、ケースでうまくいかないと感じるときです。ケースがうまくいかないという感じを持つときは、私の場合、概ね心理士としての自分の役割に葛藤や迷いが伴うように思います。この他にも例えば、面接の中断や症状の悪化等、別の視点で「うまくいかない」を抽出することもできますが、ここでは心理士としての自分の役割に葛藤や迷いが生じるという点でうまくいかないと感じたケースを取り上げます。そしてそのとき私がどのようなことを感じ考えていたのかを整理することを通じて、私が心理士としての役割をどのように捉えているのか、心理臨床において重視したいことは何かについて明確にすることを試みます。

なお、私はいくつかのフィールドを掛け持ちしていますが、本稿ではその中で学生相談領域のケースを掲載します。これらは実際のケースをもとにしていますが、個人が特定されることのないように記述し、クライエントのお名前は仮名としています。

クライエントの話にネガティブな気持ちが湧いてしまうとき

美和さんはこうと決めたら辛くても投げ出さず継続して頑張ることができる人でした。大学に入学したばかりの美和さんは全ての授業の復習をすることを日課とし、友人を作るためにサークルに入り、多忙なアルバイトをこなし、週末はボランティア活動をすることにしました。しかし可愛がっていたペットを亡くしたことをきっかけに、体のあちこちに不調が現れてきました。相談室を訪れた美和さんは見るからに疲れ果てていて、毎週あちこちの痛みを訴えました。そんな美和さんに対して私はどうやったら体を休められるだろうかという話を持ち掛けることもありました。けれども彼女は、でもよい成績を取る必要があるんです、でもバイト先で迷惑かけたくないんです、でも人の役に立っていないと自分なんている価値がない……と言って取り付く島もありません。その様子はまるで自分を痛めつけているかのようであり、私はこんなに頑張っているのよと見せつけているようでもありました。そして体の症状は、察してよ優しくしてよとアピールするための格好の道具であるかのように私には感じられるようになっていきました。彼女はまた、私はこんなに具合が悪いのに友だちが優しくしてくれないということも訴えました。こんなに辛いのにちっとも良くしてくれない、状況を変えてくれないと言外に私も責められている気持ちになりました。私は無力感を抱くとともに、丸投げで施され待ちの彼女にイライラするようになっていきました。そしてこれはきっと彼女の周りの人たちもうんざりしているだろうなと思うようになりました。気づくと私は、彼女の周りが彼女をどう見ているのかということに多くの注意を払うようになっており、より良い友人関係を築くためには美和さんが変わる必要があるという思いを持って関わるようになってしまっていました。

達也くんは別れた彼女（A 子さん）のことを体を震わせて怒っていました。達也くんとの関係を終わらせるときの態度が不誠実だったのです。A 子が今別の人と楽しくお付き合いしていることが許せなくて、どうしたら A 子に復讐できるかということで頭が一杯でした。自分に対していかにひどい仕打ちをしたかを大学に訴えたら奨学金の給付がストップしたりしないだろうか、なんなら内定だって取り消しにしてやりたい、と。とはいえ話を聞いている限り不誠実と言ってもよくある別れ話の範疇で、恋愛ならばお互い様とも思えるようなエピソードに聞こえます。しかし達也くんは被害者の自分と悪者のA子さんという思い一色で、それ以外何も見えていないような口ぶりで、何週間にも渡って怒りの勢いは衰えることなく私に同意を求めました。私はすっかり面食らい気持ちが全くついていかなくなっていました。答えに窮すようになった私に彼は気づいて、どうせ先生は常識的なことしか言わないですよね、僕の味方になってくれないんですねと、私に対する憤りも露わにするようになっていきました。彼の収まらない怒りを浴びてうんざりとした気持ちは膨らんでいきました。

美和さんや達也くんのときのように、面接の経過の中でクライエントの心の動きについていくことができず、イライラしたりうんざりしたり、冷めた気持ちになったりすることがあります。面接が終わるたびに大きな溜息が出て、こんな気持ちではいけないと反省し、次こそはと気持ちを立て直して翌週の面接に臨むけれどまた同じことの繰り返し……。ネガティブな気持ちを抑えようと思ってもうまくいきません。そのようなとき、私の主訴はクライエントの話にイライラしてしまっていることですとSVをお願いすることが何度もありました。SVで私のネガティブな気持ちについて先生に責められたことは一度もありません。むしろ、さもありなんと肯定され、それによって私はホッとして不思議とネガティブな気持ちから少し解放されました。おそらくクライエントもまた同様で、今度は私がクライエントを変えようとせずに聴くことができるようになると、変わるも苦しく変わらないも苦しいといった感じで四つに組んで動けなくなっていたクライエントと私の間に、ユーモアが生まれるようになりました。変わらない状況を二人で眺めて二人で溜息をつくような、僅かな余裕が出てきました。

また、自分がどうしてネガティブな気持ちを抱えてしまったのかを考えることは、クライエントへの理解を進めるきっかけになりました。私のキャパはあまり大きいほうではなくて、自分のネガティブな気持ちに面接の邪魔をされるように思うことが少なからずあります。しかし、もしも何のひっかかりもなく美和さんの体調不良の訴えを聴いていたとしたら、もしも達也くんの怒りを自然に受けとめていたとしたら、彼らの対人関係における困難に想像を巡らせる機会を逃していたかもしれないのです。

自分の気持ちを抑えて取り繕おうとしていたとき、美和さんが変わるべきだとか、達也くんが怒るのは筋違いではないかとか、私は正しさにこだわりクライエントを動かそうとする思考にとらわれていたように思います。私の役割はそのようなことではないはずなのにと思っていても、そこから抜け出すことが困難でした。ネガティブな気持ちをごまかさずに認めることによって、正しさにこだわりクライエントを動かそうとする思考から抜け出し、クライエントの日常への想像を膨らませたり、クライエントとの関係を再構築したりすることに自分の気持ちを役立てられるようになるのだと思います。

クライエントに都合よく使われていると感じてしまうとき

真由さんは人当りが良くてお喋りの楽しい人でした。一見器用に人付き合いをしているように見えましたが、本当は人間関係のバランスに敏感で、人を楽しませることにエネルギーを使いすぎ、人知れず不満を溜め込んでいました。また、自分なんかがここに居ていいのかなという不安がいつも付きまとっていて、自分の存在意義をどこか価値下げしているようなところがありました。グループで集まる予定やご飯を食べに行く約束などがあると、お腹が痛くなったりめまいがしたりしてしまい、やりたいことをセーブして過ごしていました。そんな真由さんのしんどさを私は聴かないわけではありませんでしたが、不思議なほど深刻にならず、いつも楽しく雑談をしているような面接でした。真由さんのお喋りの合間に質問をしてみたり、感想を伝えてみたりすることもありましたが、真由さんの表情は途端に強張りました。お喋りの流れを止めてしまうような発言は真由さんを脅かすものになってしまうように感じられたので、私はただただ茶飲み友だちのように彼女のお喋りに沿って相槌を打っていました。そしてそんな面接が終わると、ぐったりと疲れてしまうことが続きました。ぐったりの一番大きな理由は、何もさせてもらえないような感覚だったと思います。ただ聴いていれば良いから、余計なことは言わないでと言われているような感じなのです。自分が壁打ちの壁にさせられているような、あるいは掃き溜めであるかのような。それは都合よく使われている感じでした。

都合よく使われている感じといえば、学生相談には珍しくないこんなケースがあります。例えば、授業をたくさん休んでしまって単位を落としそうなのだが、これは体調が悪くてやむを得ない欠席なのでどうにかしてほしいとか、担当の教員宛てに一筆書いてもらえないかといった要望です。学期末だけ相談室を訪れてこのような依頼をする学生もいます。また、課題を見てほしい、レポートを読んでアドバイスがほしいといった依頼もあります。学生相談は心理的な問題や心身の不調に限定せず、どのようなニーズであっても相談しに行ける間口の広さ、敷居の低さが特長です。学修に関わる相談事も受ける場ですから、いずれの要望も決して場違いなものではありませんし、そういった相談事を受けたとき、いつも違和感を覚えるというわけではありません。しかし、誰でもいいから注文にだけ応えてくださいというニュアンスを感じるとき、都合よく使われたという感じが残ります。心身の不調を証明するという役割は、ただカウンセラーの専門性を利用するだけのもので、そこにはクライエントとカウンセラーの人と人としての出会いが感じられないせいかもしれません。課題を見てほしいという依頼の場合は、その学問の専門外である自分にできることがあまりにも限られていて、その仕事に自分が適任だと思えないために、心理士である自分がその要望に応える意味ってなんだろうかと疑問が湧いてくるように思います。

都合よく使われる感じというのは、不快感でもあり、虚しさでもあり、不全感でもあります。いわゆる心理士らしいことをしている方が落ち着くというのは私の勝手かもしれませんが、とはいえ来室した学生もここは臨床心理士が対応している場だと知っています。学生相談のようなよろず相談の場所で、全てのクライエントの話を心の相談として受け取るのは余計なお世話とは思うものの、心理士としての私が対応するからこそやれることは何だろうかと考えてみたいと思うのです。

例えば先述の真由さんとお会いする中で膨らんできた違和感について、私たちは楽しくお喋りをしているけれどもここでもカウンセラーを楽しませなきゃと思ってしまってはいませんか、私が言葉を挟むとふと緊張が走ることがありますが怖い感じがしますか、といった質問を投げかけてみることができるはずです。そうすると私の虚しさや不全感は変化し、それを抱えながら会っているときより良い関係を築くことができるはずです。

例えば単位取得のための要望だけを出して用事がなくなると去ってしまう学生には、もしかしてここ以外の教職員や友だちとの間でも一方的でその場限りの関係になってしまってはいないだろうかと、継続的な人間関係を築くことの困難に思いを馳せながら応対することによって、私の心は不快感だけではなくなるように思います。あるいはモヤモヤしたまま少し耐えて様子を見ることが大切な局面もあるように思われます。あるとき、レポートを見てほしいという要望で来談し、しばらく会ううちに実は手首を切ってしまったのだと話し始めた学生がいました。口に出すことを躊躇いながら、相談の入り口としてレポートを利用する場合もあるかもしれませんし、レポートを見せながらカウンセラーがどのような人物か確かめているということもあるでしょう。都合よく使われている感じを私の中でごまかしてしまわず、この感覚の出所をつかみ、その上でもう一歩相手の心に立ち入らせてもらおうか、それとも待ってみようかと、関わり方を再検討する契機にできたらと思います。

カウンセラーとして責任を果たせているだろうかと迷うとき

菫さんは中学生のころから精神疾患を抱え、良くなったり悪くなったりを繰り返しながらどうにか大学生になりました。好奇心が強く聡明でたくさんの本を読み幅広い知識を持っていました。大学でも学びたいことがたくさんあって意欲的に授業を受けたいと思っていましたが、人付き合いでうまくいかないことがあると精神的に不安定になって生活リズムは崩れがちになり、欠席が増えてしまいます。おそらく卒業は難しいだろうと彼女を見守っていた教職員は皆感じていました。ご家庭のサポートが得られにくい状況にあったため、菫さんがこの先、生きていくことに困らないよう、障害者就労やグループホームへの入所、あるいはその準備期間として作業所やデイケアに通うことなど、大学はあきらめて医療や福祉のサービスを受けられるようにという案も出ていました。しかし菫さんの頭には退学するという選択肢はありませんでした。確かに単位は取れず悔しい思いをするけれども、出られるときに出たい授業に出て、図書館を利用してたくさんの本を読み、学生相談室を利用して話したいことを話すという今の生活が、これまで彼女が得ることのできなかった貴重な時間でした。菫さんは相談室では現実的な問題の解決を求めませんでした。自分の興味のある事柄について存分に語り、それに関心を持って聴いてもらうことを望んでいました。また他の人とは違う自分の生い立ちや生活を少し自慢げに話し、それは切なくて辛いものでしたが、しんどさよりもむしろ稀有な体験であることに価値を見出すことが彼女を支えていました。私は彼女の人生の意味を確かめる相手だったのだと思います。

大学在籍には期限があります。その先の安心に備えて、保護者のサポートを引き出すよう働きかけたり、経済的な自立への道を探ったりすることが、大学にいるうちにやっておくべきことであるとも考えられます。大学の職員として、そういった現実的な支援を実現できていないことが気がかりでしたし、彼女に関わる他の職員からの期待に応えられていないようにも感じていました。けれども、こちらが彼女の現実に働きかけようとすると菫さんは猜疑心に苛まれ、攻撃性を高めてしまうことになりました。将来の道筋づくりに取り組む重要性を分かってはいても、彼女と共にそれに取り組むことは困難な状態でした。手応えなく淡々と続いていく面接の中で、心理士として何ができているのか、できることがあるのか、何度も分からなくなりました。それでも私は、病気に翻弄され安定した人間関係を結べず孤独に生きてきた彼女が、脅かされない人間関係の体験を得て、彼女が語りたいように語れる場を守りたいと思っていました。

真希さんは恐る恐る相談室を訪れました。困っていることや相談したいことがあるわけではないけれど、大学には気軽に話せる相手がいなくて不安だし、親には頼らず大学生らしく自立したいからと来談ニーズを表現されました。普段の授業についていけないことはありませんでしたが、とりわけ作文が苦手でした。また課題で求められていることを誤解してしまうことがありました。友人を作ることにも意欲的でしたが、みんなが盛り上がっている話題とズレてしまったり、悪気はないのに失礼な態度をとってしまったりして、周りから距離を置かれてしまうことが繰り返されました。演習の授業でフィールドワークに出ると、行った先で場違いな発言をしてしまい、次の訪問を断られてしまうこともありました。真希さんは誰が見ても分かるくらい濃厚に自閉の特徴を持った人でした。学内で職員が仲裁するようなトラブルが幾度か起きたため、診断を受けて手帳を取得したほうが良いのではないか、教職を目指している彼女が今後実習などでトラブルを起こしてしまわないように早めに保護者とも連携しておく必要があるのではないか、と意見が上がりました。しかし、真希さんはトラブルについて直視することを怖がっており、それを相談室で話題にすることは困難でした。私は自身の感情を摑むのが苦手な真希さんに対して、緊張するね、悲しかったね、それは怖いねといった言葉を伝え返すことが精一杯でした。これは、真希さんが不安のあまりに自分の体験に蓋をしてしまうことなく過ごしていけるようになるために、そして失敗の体験も他のことと同様に彼女の糧として積み重ねていけるようになるために必要なことだと考えていました。とはいえあまりに時間のかかる地道な取り組みです。私は現状の関わりでは不充分なのではないかと焦りました。そして真希さんが親に手助けしてもらうことを拒否していることは明白だけれども、それでも親とコンタクトを取るべきなのではないかと思い、彼女との会話の中でそのタイミングを計ってみたりしていました。相談室では何をやっているのかと、実際は誰からも責められていないのだけれども責められているような気持ちもあって、問題を起こさず学生生活を過ごさせ、4年間のうちに進路を決めてスムーズに卒業させないといけないという思いに駆られていました。しかし一方では、失敗場面を直視することを恐れている真希さんに、そのうまくいかなさは発達障害という名前のものに由来するんだよと一足飛びに提示することが、困難であるうえにずいぶん勝手なことのように思えました。診断を受けて障害者就労に繋げるとよい、というアイディアは彼女の人生の選択としてたった一つの正解というわけではありません。それをこちらが先回りして提示していくのは勇み足で、私が責任を果たした気になるための支援なのかもしれないという引っ掛かりがありました。

菫さんと真希さんのどちらのケースにおいても、面接室の中で今のクライエントの思いに重きを置いて本人と共に取り組むということと、面接室の外にも働きかけて将来の道筋づくりに取り組むということの間で私は揺れていました。どちらの視点も必要で、どちらが正解ということではないのかもしれません。しかしこちらが手応えを得るためや、私が必要な時間の経過に耐えかねたせいで動いてしまうということはあってはならないことです。そのためには、今何を目指してどのようなことに取り組んでいるのかということを、まず私自身がしっかりと認識できるようにしておかなければなりません。そして、本人がその時話題にしようとしていないことを持ち掛けようとする場合は、それを既定の方針かのようにクライエントに渡すのではなく、検討材料の一つという意識でクライエントの前に提示してみたいと思います。

心理士として欠かせないこと

うまくいかないと感じたケースを振り返ってみると、どのケースにおいてもクライエントと私の関係性に不均衡が生じていたように思います。クライエントのことをどうにかしなければ、どうにかしてやろうという思いが独り歩きしていたようにも見えます。相談を受けたとき、クライエントの主訴をどうにかしていこうという意識を持たないのは不自然でしょうが、こちらの価値基準でクライエントを変えようとしたくなったり、私が手応えや成果を得たくなってしまったりしたら、私の関わりは一方的な押し付けになってしまいます。そうかと言ってただ使われているだけで何もできないこともまた一方的な関係です。そのような場合に私が心理士としての役割に葛藤や迷いを抱きがちであるということは、クライエントと双方向的な関係を築くことを心理臨床の基盤として重視しているからなのだと改めて感じます。そしてうまくいかないという感覚は、クライエントとの関係に双方向性が失われていること、あるいは時に自分の関わりが独り相撲になっていることへの警鐘と捉えることができそうです。

うまくいかないケースでは、イライラ、うんざり、不全感、虚しさ、焦り、といったネガティブな感情が湧いていました。こういった自分の感情に向き合うことが、一方的な関係から抜け出す鍵となるのではないかと思います。というのも、うまくいかない局面を振り返ってみると、こういった感情に蓋をしてしまったせいで、もっともらしいことを言って防衛態勢をとっていたように思うからです。クライエントの心にアプローチしようとしているとき、自分自身の心にもアプローチしていなければ、対等な人と人としての関わり合いはできないはずです。自分の心を取り繕わず正直に見つめるということが心理士の役割として欠かせないものなのだと思います。それが私がこうありたいと思う心理士なのだと思います。

治療の「枠」って何だろう？
――あなたと私のいまとここを見つめて

関　真由美

はじめに

心理療法における「枠」と言われたら、初学者の方は何を思い浮かべるでしょうか。面接の頻度や時間のこと？　面接室のこと？　それとも内容に関することでしょうか。どうやら「枠」って大事らしいし、守らなければならないらしい……。まだ枠とはナニモノなのかもよく分からないうちから、そのような事がとりあえず頭にあるのが出発点なのかもしれません。私はこれまでにいくつかの現場で臨床をしてきましたが、ずっと心のどこかに「枠って何だろう」という問いを持ち続けていたように思います。その背景のひとつには、修士の学生時代に経験したあるケースがあります。私の稿は、そのケースを読んで頂くところから始めたいと思います。また、以下のケース内容については、いずれも改変を加えています。

ケース１：職場改革を叫ぶＡさん――大学の相談室にて

私が修士の学生として、東大の心理教育相談室で担当したケースです。Ａさんは50代の女性で、職場でのストレスを主訴に東大の相談室に来談されました。職場ではハラスメントを受けているが、それに屈することなく、改革がしたい、法廷闘争も辞さないという内容でした。ハラスメントの内容を詳しく聞いていくと、監視されている、壁の向こうで聞き耳をたてられているなど、今思えば十分に妄想的なものでした。しかし当時の私にはＡさんの抱える病理がピンと来ぬまま、担当の心理士となりました。

面接では懸命に話を聞いていましたが、徐々に話が相談室での時間だけではおさまらなくなり、相談室に電話がかかってくることが増え、対応に悩むようになりました。東大では学生が担当しているケースを様々な先生方にカンファレンスで見ていただける機会があり、私はこの機会を得て、A さんとのやりとりを報告、相談しました。すると、にわかに先生方がざわつき、「修士の学生にこのようなケースを持たせて良いのか、中断させるべき」だという指摘や、「このような議論になりあなたの中に怖さが生まれたのではないか」という指摘などを受けました。

その時の私の気持ちを思い返し、正直に記すならば「何を言っているのか、よくわからない」でした。先生方がざわつく「危険な感じ」がわからない。私の中に生まれたのではと言われた「怖さ」が分からない。その分からなさに自分の未熟さを感じ、なんとも悔しく、SV で「初めはそれが分からないのは当然な事」と言われてもなお、早く「分かる」私になりたいと感じたことが思い出されます。それらの指摘をうけて私のその後の面接は、呼吸法や筋弛緩法などを用いて、A さんの健康的な側面との関わりに注力する形になりました。そして、話をしたいという希望は、ベテランの心理士にバトンタッチしてもらうことになりました。

A さんの「危険な感じ」について私が思ったことは、その眼差しの独特さや、時に異臭がしたこと、面接室の枠を超えて電話しているときの負担感のような、ぽつぽつとした断片的なものでした。しかしその断片をかき集めてみても、私の中で線にはならない、ゆえにしっかり腹落ちせず、どこかでバトンタッチにはモヤモヤとしたものを抱えたまま。それでも一応の納得として、「初学者としての私」と、「A さんの抱える病理」と、「相談室という場所の性質」と、その 3 つがあわさるところのベターな、あるいは安全なこたえが、この終結のあり方なのだろうと頭で考えました。そして、これらを見る目を磨いていきたいと思いました。でも、それってどうしたら良いのでしょう？

今の私にも、明確な答えはありませんが、失敗を繰り返してもがく中で、気付くものも様々にありました。この稿では、15 年以上前に持ち始めた疑問「枠って何なの、どう学んだら良いの？」に対する、今の私に伝えられることとして書き進めることにします。

「あなた」と「私」を見つめる——乳児院にて

私の大切なキャリアのひとつに、乳児院という児童福祉施設での年月があります。今でこそ常勤心理士のいる施設も多いようですが、私の入職当時は、施設の方でも心理士とはどのような存在か良く分からない、心理の方もあり方を模索するような、心理の入り始めの時期でした。すでに認められた子どもの発達検査を行う者としての立ち位置に加え、私は何とか親の役にも立ちたいと思いました。しかし、東大時代と異なり、自ら希望をして心理相談に来る親は稀でした。私のほうの経験も浅く、どうしたら親にも支援ができるのか分かりません。かつて大学の相談室では、先生や先輩がインテークを行い、ある程度の枠付けをした上で手渡してくれていたというのに！　私は一体どうしたら良いの？枠なんてまだ良く分からないというのに、どうやって枠を作っていったら良いの？　たいそう不安な船出でした。

それでもまずは、と、慣れ親しんだ相談室のような枠を持ち込み、親へのカウンセリングをしようと思いました。しかし、相談者は現れません。乳児院で会った親の多くは、困りごとがないわけではないのです。ただ、面接室で心理士に相談するというところまで、その困りごとがまとまりを持っていないことが多く、援助希求力の弱い方も多かったように思います。「どうせ話をしても児相に筒抜けなんでしょう？」と、子どもと離れざるを得なかったことの痛みを怒りとしてぶつけられ、拒否されることもありました。そして、そもそも面会に来ない・来られない親もいました。私が「これです」と掲げてみた枠ではどうにも役に立てそうになく、こちらがあり方を工夫しなければならないようでした。上記のような親たちのありようを心に浮かべた時、いわゆる心理相談のその手前の作業にまずは丁寧に付き添うことが必要なのだろうと思いました。そして「そのためには、もっと個々の親に沿い、柔軟さをもって対応しなくてはならない」と考えました。

柔軟さ。それは字面にすれば確かに正しいことのように思えます。しかし実際には、諸刃の剣のような面があります。良い方向へ展開していったと思えたケースもあれば、その危うさに無自覚だったために、私も親も火傷をするような経験をしてしまったケースもありました。それぞれのケースを見ながら、考えを進めてみます。

ケース２：なかなか面接に来られないＢさん――乳児院にて

Ｂさんは30代の母親です。細い体に、張り詰めた表情、時に涙を浮かべながら、自分の厳しい成育歴を語ります。今は自分で育てられないけれど、子どものことを大切に思い、面会を楽しみにしていることなどが話されました。話をひとしきりすると、少し安堵の表情を浮かべて、できれば次回の面会予定日にも心理と話がしたいと、予約をとり、帰っていきました。

ところが、この面会予定日にＢさんは来ませんでした。後日電話があり「すみませんでした、次回は〇日に行きたいです」と予約をとりますが、その予約日にも来ませんでした。ようやくお話できた際にこのことを扱うと、Ｂさんは「実は、心身の調子に波があり、その日に面会に行けるかどうかは当日にならないと分からないのです」と言います。心身の調子を整えようとする心理相談に、心身の調子が整わず来られないのではしようがありません。面接日を遠くに設定することをやめ、来られると思った日に電話をしてもらい、その日に心理が空いていれば相談の時間を設けるという形にしました。

その後は、多少期間が空くこともありましたが、継続して面接を重ねていけるようになりました。そして相談を重ねていく内にＢさんなりの安定感を増していき、予約日を少しずつ遠くに置けるようになりました。私から精神科医師を紹介すると、こちらも徐々にではありますが診察を安定して受けられるようになりました。私の産休を機にカウンセリングからは卒業となり、「薬の力も借りながらなんとかやっている」という手紙を受け取ったのがＢさんとの最後のかかわりです。

私はこのケースに手ごたえ感を持ちました。その人の調子に合わせて柔軟に枠を設定し面接を重ねていくことで人を支えていける、と思ったのです。ところが、これをGSVに出した際に、スーパーバイザーからは「**この人には**、このやり方が良かったわね」とのコメントがありました。私は「この人には」という点に頭の中で引っ掛かりを持ちつつも、「このやり方ではうまくいかないほかの人」についてイメージを膨らませることができずにいました。そんな中でＣさんに出会います。

ケース３：何度も面接に来てしまうＣさん――乳児院にて

Ｃさんは30代の母親です。申し訳なさそうな表情を浮かべながら、「様々なものが不潔だと思う、手洗いがやめられない。だから家を片付けることが出来ずに家はごみ屋敷状態に。不安で仕事もできないから貯金が底をつく」と語り、「私は大丈夫でしょうか」と言います。訴えに耳を傾け、内容を整理し、どの部分は誰に相談すればよいか等を共有しました。そして、またお話をしましょうと次回の約束をしました。それではと立ち上がろうとすると、C さんが再び「不安なんです」と言います。私は（不安の受け止めが足りなかったのかしら）と思い、ふたたび座り直し、不安なことについて話をし、面接開始から 80 分ほど経過したところで、ようやく面接を切り上げました。C さんが帰宅し、ああ、やれやれと思っていると、その 30 分後に乳児院のインターホンがなり、C さんが乳児院の玄関に立っています。私を呼んでいるからと言われ C さんのところに行くと「先ほどの話なんですけど、どうしたら良いでしょうか、大丈夫でしょうか？」と申し訳なさそうに聞かれます。

面会の度に、このような事が繰り返されました。良くなっている気がしません。むしろ逆だと感じていました。なぜならば「大丈夫でしょうか」という確認がひどくなっていったからです。私は B さんの時のように、相手の調子にあわせて「柔軟に」枠を設定することで支えられたらと思っていましたが、逆に C さんとはより強固に「いつものパターン」にはまり込んでいってしまうのです。

これが繰り返される内に、どんどん私はイライラし、強く疲弊していきました。なんとも言えない「いつか、この人に食われるのではないか」とでもいう私の感覚。C さんも、その病理に自身が「食われる」かのような感覚を持っていたのかもしれません。

実は、このケースを途中で先輩心理士に相談したときに「巻き込まれている」という言葉で、忠告を受けていました。ですが、この時にもまた私は「何を言っているのか、よく分からない」でいました。しかし、こうなってみてようやく私は、役に立ちたいという自分の思いばかりが先に立ち、ただ「盲目的に柔軟」であった事に気づきました。ただ相手に合わせようとしすぎて、そこに横たわる危険性を認識していなかったのだ、と。ひょっとすると、この頃の私は、枠というものを「セラピストを守るためにクライアントへ課す制限」のようなものと感じていたのかもしれません。ゆえに枠を緩めることへの疑問をしっかりと持てなかったのかもしれません。しかし、実際のところ枠が守るのはセラピストだけでなく、クライアントであり、そしてその間にある関係性でもあります。私が良かれと思った「柔軟さ」が、クライアントの病理を引き出してしまった。それは、私の未熟さと、クライアントの病理との間で起こった火傷体験、まさに痛い気付き、痛い学びでした。

私はCさんに率直に話しました。時間を超えて話をしているうちに自分の中に湧き上がってくる感情や、この面接のありようがCさんにとって却って良くない作用をもたらしていると思っている事。そして今一度、面接のあり方について、一緒に見直してみませんかとも伝えました。Cさんは、「そうでしょうか」と首をかしげていましたが、「面接が終わってから不安になって、また乳児院に戻って関さんの顔を見ると、安心というよりも、こんなことをやめられない悔しさでぐじゃぐじゃになる気持ちはあった」と話してくれました。相談の結果、場所を精神科外来へ、精神科主治医のもとで、という形に設定し、仕切り直すこととしました。その後は内服もあわせながら、徐々に面接を重ねていけるようになりました。

Cさんにつけられた診断名は強迫性障害です。他者を巻き込み、確認作業をすることもまた症状の一つとして酷く固定されていくその渦に、私たちは嵌っていきました。書籍を読むと、同じような例が注意として載っているではありませんか。私は勉強不足を恥じ、精神病理を見る目を養いたいと思いました。もちろん、枠にうまくはまれない人たちに対して柔軟でありたい、困っている親の支援がしたいという思いを捨て去る必要はない（臨床をする上でのひとつの原動力として大切に持っていたい）しかし、クライアントの抱える病理を「分かっていて」そうするのと「分からないで」そうするのとでは大違いだと思ったのです。そこで、10年前より現職場である総合病院の精神科へと異動することにしました。

「ここ」を見つめる――精神科リエゾンチームにて

病院での臨床は、乳児院のそれとは大きく異なっていました。本人なり病棟スタッフなり、誰かしらのニーズが存在し、依頼があっての介入です。面接室もあります。主治医たる精神科医がいます。新たに枠を作らねばというような苦労は薄く、守られている感覚や、ニーズが見えるやりやすさはあるものの、そのかっちりとした枠に戸惑ったこともありました。戸惑いの一つは、精神科リエゾンチーム（精神科医師、精神看護専門看護師、精神保健福祉士、臨床心理技術者などをメンバーとするチームで、一般病棟に入院した患者さんの精神症状のケアを行うことを目的としている）の活動の中で生まれました。それまでは「あなた」「私」という二者を見つめることで精いっぱいでしたが、リエゾンチーム活動の中からは「ここという場所の枠」について学びがありました。ケースから見てみます。

ケース４：成育歴を語りたいＤさん――産科病棟にて

Ｄさんは20代の女性で、子どもを出産して４日目になります。退院を２日後に控え不安になったとのことで心理相談を希望されました。助産師から、Ｄさんの育児手技等に問題はなく、子どもの様子にもよく気付けていると聞きました。Ｄさんは、初めは、一般的な育児不安を語っていたものの、徐々に自らの成育歴を語り、流涙しながら厳しい環境の中で生き抜いてきたことを話されました。「虐待を受けた人は、自分も虐待してしまうと聞く。だからこの子のために、虐待を受けてきたことを誰かと整理がしたいのです」と言います。懸命に生きてきたＤさんの姿は私の胸を打ちました。Ｄさんの健康度、私のその時の力量、双方を見つめたとき、このテーマに一緒に取り組むことができるのではないか、とも感じました。

ところが、その日のやりとりをカルテに記載すると、主科（患者さんの治療を主に担当する身体科を指す）の医師から電話が来ました。伝えられた内容は、要約すると「余計なことをしないで！」というものでした。私は大変なショックを受けました。私は余計なことをしている⁉　主訴に合わせて丁寧に対話しているつもりなのに、なぜ？　そして正直に記すならば「本人の思いに沿っている私は正しいのに！」という驕った思いがあったことも否定できません。

私がしようとしたことは、精神科の外来でのこととしたら問題なかったのでしょうが、リエゾンチームの心理士として見るとどうでしょうか？　もう一度ケースに戻ると、Ｄさんは退院まであと２日です。そしてこれから新生児の育児が始まるというタイミングです。自宅も病院の近隣ではなく、私のいる病院は産後ケア入院を行ってはいませんでした。退院日を身体症状以外の理由でむやみに引き延ばすことは、急性期医療を担う病院の機能として不可能でした。

それらのことをあわせてみれば、現実的には、ここにいる私が、いま、Dさんの相談を引き受け続けることは難しいという事が分かります。
そうか、枠の中において守られるということは、組織の中の一員として、組織の持つ役割だとか、依頼元である科の意向を見つめて活動する必要があるのだな、と考えました。一方では、Dさんの希望を大切にしたいという思いを、余計な事と表現されることへの苦々しい気持ちをどうにも整理できずにいました。とはいえ、もうすぐ退院となるDさんの今後については何らか考えなければなりません。退院後のDさんの生活を想像すると、安定して繋がることができる相手は地域の保健師や助産師です。退院から逆算して残っている時間を考えると、ここで私ができることは、その人たちへの橋渡しをするということだと思えました。そのことをお伝えすると、Dさんは「確かに今ここには通院できませんよね」と頷き、「ひとまず保健師さんと一緒に育児をしてみます。その中でやっぱり困ったってなったら、その時また電話します」と言って退院していきました。産科病棟経由で地域の保健師に情報提供を行い、訪問もお願いしました。そしてその後、数年経ちますが「やっぱり困った」という電話は鳴っていません。
Dさんが退院した後も、私は「ここ」の枠に沿うために、私の思う大切なことを飲み込まなければならないのか、と悶々としました。しかしよく考えてみれば、私の思う大切なことは、私ではない誰か、例えば保健師など、私の先にいる誰かによって叶えられているのです。本人の思いに沿おうとした姿勢が誤っているわけではなく、むしろ、それはすべての職種にとって、そうありたい姿です。ただ「ここ」という枠の中で、このタイミングでは何ができるのか、退院したその先での支援も見通し、繋がりあって支えていくことが必要なのだと感じました。そのためには、自分が所属している場についてよく知っておかねばなりません。そして、所属している場の周りにどんな人たちがいるのかを知り、どうつながっていけるかも知っておかねばなりません。「私が」できることはなにか、として考えると、場所の持つ枠は制限のように思えますが、他機関も巻き込んだ「私たちが」できることはなにか、として考えると、連携のための各々の役割とも感じられます。その意味では「余計な」ということばが指すものは、私こそがやりたい／できるとでも言うような姿勢だったのかもしれません。

読者の方が所属する「ここ」は、どんな場所にあり、どんな機能を持ち、期待される役割はどんなことですか？　社会から組織への期待・組織から自分たちへの期待、それと自分が大切だと思えること、両方の間を行き来し、うまくつなぎ合わせていく作業が求められるのかもしれません。

「あなた」を見つめ、面接の深さをはかる――精神科外来にて

私にとって、精神科異動の動機のひとつは「精神病理について学びたい」でした。精神科の外来は、時間や場所、料金、主治医の診察等の枠に守られて、クライアントがじっくり自己を見つめ、語ること、セラピストがそれを見守ることが保障された場所です。A さんを担当した心理教育相談室とも近い構造にあると言えます。E さんのケースを通して、「あなた」を見つめる目の変化について考え、記してみます。

ケース５：時に具合が悪くなるＥさん――精神科外来にて

E さんは 40 歳の女性で、毎週ペースで通院されている方です。鬱病の既往があり、対人関係の中で気を遣いすぎて疲れてしまうという主訴にて面接はスタートしました。しかし、10 回ほど面接を重ねた後に、過去に大きな心傷体験があること、そのことが時に蘇り、いまの生活を脅かしてくることが語られました。時にあるという〝フラッシュバック〟は、純粋なそれというよりも、もう少し病的な幻覚にも近い映像化のように思われました。過去について触れ始めたＥさんは、過去に潜りすぎては入院もちらつくほどに調子を崩したり、もう一切過去には触らないと宣言してみたり、調子が整ってきてはまたおそるおそる過去に顔をつけてみたりと、過去との距離感をどうしたものかと試行錯誤を繰り返していました。

E さんにとって、この試行錯誤は確かに必要なことなのだろうと感じました。その一方で、E さんの抱える危うさを、関わりの中から私は確かに感じ、時に面接を続けていくことに怖さをおぼえました。ああ、A さんの時に先生方に指摘された「危険な感じ」や「怖さ」というのは、こういう事なのかもしれない、とようやく思い至りました。それを感じたことでE さんとのやりとり自体が A さんの時と劇的に変わったわけではありません。しかし、今の私はE

さんの危うさを感じるからこそ、ただ心を寄せ、話に共に没入するのではなく、自らの「怖い」感覚も活用しながら、面接の深度のようなものを常にはかっているように思います。時には、共により深いところを見てみたり、時には「おーい、こっちだよ」と現実寄りから声をかけてみたり。セラピストが、自分とクライアントと場を見つめることから生まれる「ここで今、何を扱うか」ということ。これもまた双方を守る枠として意識し、活用していけると良いのでしょう。かつて私がAさんとリラクセーション法のみを扱ったように、そして今の私がEさんと現在・過去を行き来しつつ話しているように。

結局のところ、クライアントを見つめる、その力を養うというのはどういうことなのでしょうか？　私の疑問の出発点であるAさんが私に残してくれたものは、におい・雰囲気・疲れる感じ、などの断片たちでした。そのような断片は、経験年数とともに増えてきました。これらの断片はいずれも私の感覚と結びつきを持ったものです。私がクライアントを見つめていく中で、この断片たちは欠かせないものです。一方で、これら断片だけでは、その感覚にただ圧倒され、どうにも活かしきれません。このとき、それらの断片に見方のひとつを提示してくれるものが、理論であったり、診断名であったり、体系的な学習によるものでしょう。感じることも学ぶことも、その両方ともが大切なことです。両方を、行ったり来たり繰り返す中で、各々にとって腹落ちする、そして独りよがりではない「見立て」に近づけるのではないでしょうか。

「私」を見つめるということ

最後に「あなた・私・ここ」のもう一つの点、私を見つめることについて考えてみたいと思います。もし私が、セラピストとしてのあなたはどういう人かと聞かれたら、思い浮かぶことの半分くらいは、これまでの臨床で積み重ねてきた力量のような物、そしてもう半分は、積み重ねていくものとは少し違う、いわば個性のような部分です。前者はこれからも積み重ねていくとして、後者は、どう足掻いてもこの自分でやっていくしかない部分のように思えます。力量があるふりをしても、自分の個性をごまかしてみても、面接はきっとうまくいかない。どちらも私というセラピストの枠なのでしょう。

私はこの稿の中で、何度も「よく分からなかった」と書きました。分からないことは悔しいし、なんともすっきりしないのですが、大学院を出て15年ほど経った今でも同じように「分からない」と思い続けている気もします。すっきりと分かる私になりたいとは今でも思います。しかし「分からないとつぶやく私」は、もはや個性にも近いものとして大切にしながら、それを糧にして大きくなっていくしかないように思います。

あなたの周りのセラピストを見回してみてください。きっとその個性は様々でしょう。「隣の芝は青い」ならぬ、「隣のセラピストはすごい」と思えて、他のセラピストとのふれあいや、自分を見つめることが怖くなる日もあるでしょう。しかし、私というセラピストの持つ個性は、自分だけで突き詰めて考えてみてもおそらくは見えづらく、「隣のセラピスト」の個性との触れ合いの中から輪郭を現すようにも思います。互いに響きあいながら自分をみつめ、互いらしく自分を伸ばそうとする。そんな仲間を持ち、大切にしていきたいものです。よき仲間とのふれあいが、確かに臨床に還元されていく、私はそう思います。

おわりに

Aさんを担当していた頃のSVで言われたことを記します。

〈あなたは灯台。Aさんは海の上に浮かぶときも、海の中にぶくぶくと沈み込むときもあるだろうけれど、あなたはいつも、「私はここよ」って、そこにいて光っているのよ〉

その言葉を聞いたとき、暗い海の中にぽつんと揺れている筏が目に浮かびました。その心細さを思い、そして、そんな中で灯台の光が見えることの安心感もまた想像し、思わず涙したことを思い出します。ただ、その頃の私が海を思う時、いつも自分が灯台をベースに出航・帰港する側、見守られる側で、自分が灯台として立っているイメージは薄いものでした。自分が灯台であるというイメージは、15年の時を経ながら少しずつ形作られてきたようにも思います。これからも私は私なりの灯台を目指し、クライアントの航海を見守っていきたいと思います。

「共に歩もうとの姿勢を崩さない」とは、どういうことか
──子育て支援の現場から

石井朋子

はじめに

「人の心に関わる仕事をしたい」と意識しだしたのは、いつごろだったのでしょうか？　私が大学生時代には、今のように心理職が知られていませんでしたし、スクールカウンセラーの制度も確立されていませんでした。そんな中で大学一年生の時に、何となく手にとって読んだ河合隼雄の『ユング心理学入門』(1967) で示された文章に心惹かれ、今もその内容が私の臨床の原点にあるように思います。

少し長くなりますが、以下に引用します。

> 結婚式を目前にして、最愛のひとが交通事故で死んでしまったひとがある。このひとは「なぜ」と尋ねるに違いない。「なぜ、あのひとは死んでいったのか。」（中略）心理療法家とは、この素朴にして困難な Why の前に立つことを余儀なくされた人間である。たとえ、この Why に対して直接に解答を出せぬにしても、この Why の道を追求しようとする一人の悲しい人間と、少なくとも共に歩もうとの姿勢を崩さないものである。

まるで、今まで見えていなかった違う世界への扉が開かれたように、当時の私は思いました。そして、人とこのような関わりをしたいと願って、心理臨床の勉強を始めました。ですが、このさらっと書かれた文章の内容を深く理解し実践することは、とても難しいものだと、年月がたてばたつほど思います。

「共に歩もうとの姿勢を崩さない」と河合が記したことを、今の私自身の言葉で表現してみるなら、「この先の見えない世界の中では、私たちは何か安心感の拠り所となる、“確かな答え”を探さざるを得ない。そしてその道のりの中で心のバランスを崩してしまった人に、一時期寄り添い、一緒に考え、歩み続けようとする姿勢を持ち続けること。そして、その人としてのありようや生き方を認めていこうとすること」といえるでしょうか。そのように考えるようになった今までの私の道のりを、ふり返りたいと思います。以下の事例の内容は、一部を変更しています。

親子臨床外来のあるクリニックでの経験・その1

博士課程を経て、私は親子の臨床外来のあるクリニックに就職しました。そこで親子同席面接を含め、様々な親子に関わり援助する経験をすることになりました。忘れられない方たちばかりですが、その中のある女性との経験を、ここに記してみます。

まゆみさん（仮名）は、お子さんとの関係に悩んでカウンセリングを希望されました。お子さんは心理的問題を抱え、現在は母親に反抗的な言動が目立つようになっていました。まゆみさんはずっと忙しく働いてこられた方で、仕事に家事に育児にと奮闘し、余裕がない状況が続き、お子さんの心の変化や求めていることに気づきにくいままだったように、感じられました。彼女も、自分自身の状況に気づきながらも、従来からの関わり方を変えられないままでした。体調を崩すことも多く、今までのような生活のあり方をもう一度ふり返る時期であるように、私は思っていました。そのような中、体調が悪いという理由でキャンセルの電話がありました。電話を受けた私はまゆみさんから、お子さんがある問題行動を引き起こしたと、聞かされました。次の面接で、そのことについて話し合いませんか？　と問いかけた私に対して、「いつも叱って怒ってばかりの私の対応が悪いということはわかってるんです。でも私は、今さら自分を変えられません！」と言って、まゆみさんは電話を切りました。私は半ば茫然として、受話機を片手に立ちすくんでしまいました。その後、彼女が面接に来ることはありませんでした。

私はまゆみさんに「変わるよう」そんなに強く求めていたのだろうか？　そ

れが「変わっていない」彼女を、追いつめていたのだろうか？　私は、自分では彼女と「共に歩もう」としているつもりだったのですが、やはり何か変化を促しすぎていたのだろうかと、ただ反省するばかりでした。なぜ中断したのだろうかとその後もたびたびふり返り、自分に足りないことは何かを考え続けました。

そしてその後も臨床を続けていくうちに、その時の自分に足りなかった視点が、いくつか見えてきたような気がします。お子さんに関わっていく手がかりとして、今までの母子の関わりの中で育まれてきたことを見つめ直して、その中から一緒に探していこうとする視点がなかったように、今は思います。彼女は忙しい中、せいいっぱい生きてこられ、だからこそお子さんがここまで育ってきたという事実を、私はあまり大事にしていなかったのかもしれません。また「自分を変えられません！」と話すまゆみさんが、自分のあり方を変えていこうと願い、けれどなかなか変わらないことに苦しんでいる「そのこと」こそが、彼女のありようが変化してきていることだと、感じる視点も足りなかったように思います。

そして彼女がいうように「今さら自分を変えられない」という生き方を選択することも、彼女のあり方ならば、尊重したいという視点もなかったように思います。私の中でどこか「よりよい理想の母親像」があり、少しでも近づいていかれるように援助したいという思いがあったことは、否めません。

親子臨床外来のあるクリニックでの経験・その２

「共に歩もうとの姿勢」が大切と思いながら、どこかで「よりよい方向に変わること」にとらわれていた私にとって、忘れられない親子がいます。

ゆうとくん（仮名）は、複雑な事情の中で育てられ、様々な心理的問題を抱えていました。そして、問題とされる行動も頻発していました。私は母子の担当医から、プレイセラピーを依頼されました。

私はゆうとくんと遊びながら、彼の感情の暴発ともいえる事態に何回も直面しました。「私では、とうていやりきれないかも」と無力感を味わったことも、幾度もありました。ゆうとくんのお母さんは、今まで安心した環境で育てられなかったことを、とても後悔しておられました。そして彼が求めるままに、駅からクリニックまでの道のりをいつもおんぶしていらっしゃいました。彼はかなり体格がよかったので、毎回おんぶして来ることは、とても大変だったことと思います。私には、「この子の問題は、私も一緒に背負っていくのだ。決して投げ出したりしないのだ」とでもいうような、母親の決意をそのおんぶに感じました。担当医からは、「ゆうとくんの抱える問題が変化していくかどうかは、わからない」とも、母親は伝えられていました。けれど母親からは、彼と一緒に人生を歩んでいこうとする覚悟が伝わってきました。「プレイセラピーをしても、何もできないかもしれない。私では無理かもしれない」との気持ちをたびたび感じながらも、その母子を見ていると、「何も変わらないかもしれないけれど、一緒に歩んでいきましょう」というような気持ちが湧いてきました。

変わることが難しい大きな問題を抱えているその親子は、問題を抱えたままだったとしても、これからもずっと人生を生きぬいていくのです。だからこそ、「本当によくやられていると思います。一緒に歩んでいきましょう」とメッセージを送る「他者」が必要であるように思えました。

自分の子育てで感じたこと

その後、私は自分の子どもを授かりました。月並みで恐縮ですが、自分の子育てで日々感じたことは、その後の私の子育てをめぐる臨床に大きな影響を与えました。

いざ自分の子どもと向き合ってみて、まず困ってしまったのは、「とにかく寝ない」ことでした。もう寝入ったかしら？　と思って、そっと布団におろしたとたんに泣き出してしまい、また抱っこし直す……、ということの繰り返しでした。2時間おきに泣き出す子どもをあやしながら、慢性的な寝不足に悩まされ、いつも頭はぼーっとふらふらしていました。頭を占めているのは、「とにかく寝てほしい」という気持ちばかり。

私は産後実家に帰っていましたが、自分の母親に「私ってお母さんに向いてないのかも……」と泣きそうになりながら、口走ったことを覚えています。「なあに言ってるのよ！」と母はかるく笑って、「11時までは私が抱っこしてるから、少し寝なさいよ」と夜9時の授乳の後に言いました。言葉通り11時になると、泣き出した子どもを連れてきて、「私はもう眠いから寝るわよ。がんばってねえ」

とあくびをしながら、母は寝てしまいました。私はとても心細い気持ちになりながらも、自分の母親の「自然体」ともいえる、このちょっとやそっとでは動じない雰囲気に感心させられたことを覚えています。あえて言葉にするなら、「なるようにしかならないわよ。あせりなさんな」とでもいう感じだったように思います。

その後も困った私は、寝かしつけの方法が書いてある本を買ってきて、その本に載っている様々な方法を試してみました。効果がある赤ちゃんもいるのかもしれませんが、私の子どもの場合は、それほど大きな変化はありませんでした。いつしか「この子は寝るのに時間がかかる赤ちゃんなんだ」とあきらめ、何となく生活がまわるようになっていったように思います。「なるようにしかならないわよ」という感覚に、私も近づいてきたのかもしれません。

次に困ってしまったのは、なかなか離乳食がすすまないことでした。離乳食用の小さなスプーンに一口食べさせることが、一苦労でした。お茶碗いっぱい食べるようになるなんて、夢のまた夢で信じられませんでした。私はその頃には、実家から自宅アパートに戻り、日中は子どもと二人きりでした。二人だけの食事時間は苦痛で、落ち込む時もありました。ある日、私たちを訪ねてきた母が私の様子を見て、「じゃあ、私が食べさせてみるわ！」と言って、離乳食を食べさせようとしました。けれどやはり、全然食べませんでした。「こりゃ、だめだわ。全然食べないわねえ」と、母が明るく笑ったことを、今でもよく覚えています。その時に、大げさですが、「すくわれた」とでもいうような気持ちになりました。もし母が食べさせて、赤ちゃんがぱくぱく食べたら、安心してうれしかったかもしれませんが、同時に私は自信をなくしてしまったかもしれません。

その時の私と母は、「赤ちゃんがちっとも離乳食を食べなくて困ってしまった」という気持ちをお互い感じて共有しながらも、何か自然な明るい雰囲気が漂っていました。「同じように思う人がいる」と感じることだけで、状況が何も変わってはいないのに、心の重しが一時期軽くなることを、体感したように思います。肩の力がぬけて、ほんわかした安心感とでもいう気持ちでしょうか。この時感じた気持ちは、ほのぼのと暖かな気持ちで、「離乳食を食べない」ことが、私も何だか笑えてきて、楽しく愉快な気持ちまで湧いてきました。それは「一生けんめいやっても、うまくいかないことってあるのね」という気持ちの共有だったからかもしれません。
この時感じた「気持ちの共有」は、私の今までの心理臨床で体験してきたこととは、少し違う雰囲気が漂っていました。今までの私は、「何かができるようになっていくこと」「うまくいかないことが、好転してうまくまわるようになっていくこと」を面接の目標として考え、意識していたわけではありませんが、どこか生真面目で気負っていたところがあったように思います。もちろん状況が変化して、物事がよい方向に変化していくことは望ましいと思いますが、この世界で起きていることは、そんなによいことばかりではありません。どんなに努力してもうまくいかないこともあるし、不運なことが続くこともあります。失敗の連続だったとしても、自分にできることを自分のペースで続けていく、そのような力があれば、人はこの不条理なことが多い世界の中で、何とか気持ちのバランスをとりながら、生きていくことができるのではないかと、考えるようになったのです。
私が自分の子育てで体験したことは、今の私の子育て支援、そして臨床のイメージをふくらませてくれました。私が感じた「なるようになるわよという自然体」そして「暖かで、どこか楽しく愉快な雰囲気」を、その後の面接でも大切にするようになりました。そして、「面接が終わって帰る時に、できればこのような気持ちや雰囲気の中で、クライエントが帰ってゆくようにしたい」とも、願うようになりました。

子育て支援センターでの臨床から

私は現在、地域の子育て支援センターで仕事をしています。「落ち着きがない」「言葉がなかなか出てこない」「学校に行こうとしない」など、様々な相談を受けますが、みなさんたいてい、「どうしたらいいかわからない」と話されます。
悩みの背後に何らかの病気や障がいが考えられ、専門医の診断が必要な場合もあり、丁寧にお聞きした上で受診を勧める場合もあります。またすぐに危機介入が必要な場合は、そのような対応をとる時もあります。それ以外の場合は、まず相談内容についてお聞きしていきますが、多くの場合、これらの悩み事の対処法については、親御さんは既に多くの情報を持っていて、私より詳しい方もたくさんいます。けれどその情報を持ちながらも、いざ自分の子どもに接すると「自分の子にはどうしたらいいかわからない」「やってみたけどうまくいかない」と、悩まれているのです。子どもの育ちは、親御さんとお子さんと家族と、そして家族をとりまく環境と、いろいろな要因が絡まっていて、「こうしたら、こうなる」と単純に変化していくわけではないので、当たり前といえばそうなのです。ですがかつて寝かしつけの本を買った私のように、親御さんたちは不安でいっぱいです。そして確かな答えや方法を知りたくて、たまらないのです。

ですから私は、「このような方法を試したことはありますか？」などと思いつく提案をしつつも「今のままで十分やられていますよ。そのままで大丈夫よ」という言外のメッセージをこめて、接するようにしています。どんな親御さんも、子育てがうまくいかなかったとしても、その方なりのその時にできるせいいっぱいをしているのです。そしてその気持ちを他者に受けとめられ、そして自分の状況を自分でも少し認められると、今やれていることを、やれている範囲で続けていかれるような気がしています。そのような心の状態になっていくと、「うまくいかないなら、別のやり方をしてみようかな」と、自分なりにやり方を変えてみる原動力も生まれてくるように感じます。

今までお会いしてきた中には、自分という存在を他者に認められたという感覚がほとんどない方もいました。ゆり子さん（仮名）は、「お前はだめだ！」というメッセージばかり、家族から受け取ってきたと感じていました。そして自分自身の気持ちで決めた経験はほとんどなく、すべて周囲に要求されるまま行動したり、勝手に決められてきたりしたそうです。また親御さんから、暴力を受けた経験もありました。ゆり子さんの子育ては、困難の連続でした。日常生活に関する一つ一つを自分ではどうしたらいいかわからず、ネットで調べてばかりでした。提示されているアドバイスの通りにやろうとしても、うまくいきませんでした。

ゆり子さんは面接で、「なかなか寝ようとしない子を、どう寝かしつけていいかわからない」「お菓子をねだり続ける子どもに、どう言い聞かせていいかわからない」と、わからないことをぶつけてきました。ゆり子さんの気持ちをお聞きすると、子ども自身の気持ちを大切にして、のびのび育てたいと話されました。自分の気持ちを尊重されず、結果として、自分自身が何を望んでいるのか感じにくくなってしまった自分のようには、ならないでほしいという思いからでした。彼女は子どもの気持ちを大切にして対応しようと思いながら、結果的には子どもの言いなりになっていました。すると、子どもの要求はますます強くなっていきます。要求にこたえられなくなり、どう言い聞かせていいかわからなくなると、ゆり子さんは爆発し、暴言を吐いたり、手をあげたりしてしまいました。そして「自分の親と同じことをしている」と感じ、自分を責めることの繰り返しでした。

ゆり子さんとの面接では、彼女の語る一つ一つのエピソードをていねいに聞き、「その時、自分はどんなふうに感じていたのか」「今同じことが起こったとしたら、どんなふうに考えようとするだろうか」と、彼女の思いをていねいに聞き、二人で考えていきました。そして「こんなやり方ならできるかも」とゆり子さんが思いついた方法や、「このような方法はどうでしょうか」と私が提案した方法を、実際に試してみては、二人で話し合ってまた方法を考えるという試行錯誤を、ずっと続けていきました。何度か大きな出来事もあり、「どうしたらいいかもうわからない」と、私に泣いて電話をかけてくることもありました。私は、「のびのび自由な子に育てたい」というゆり子さんの願いを聞きながら、「あなたも、自分らしく自由に子育てしてみてはどうですか？　“子育てとは、こうあるべき”というわけではないと思いますよ」という言外のメッセージを送り続けていました。

そのうちに、「自信はなかったけれど、自分で考えてやってみました」「うまくいかなくて落ち込んでしまったけれど、一日たったら気持ちが自然におさまりました」という言葉が、面接で伝えられるようになりました。ゆり子さんは次第に、自分らしさを探しながら、自分なりの子育てを、自分で模索するようになっていったと思います。

悩みの深刻さに程度はあるでしょうが、ゆり子さんのように悩んでいる親御さんはたくさんいるように思います。「子育てに正解はない」とおっしゃる方は多いですが、私たちはやはり「何か確かな答え」を探してしまうのです。何が正解かはわからない、どうすることがいいのかはわからない、けれど自分が今やれること、こうしたほうがよいと感じることを信じてやってみる、うまくいかなかったら、また別のやり方を考えてみる、疲れてしまったら、ちょっと一休みして、自分自身が楽しいことをしたりして、息抜きしてみる……、このような流れが自然にまわっている時には、子育てに悩みながらも、人はどこか肩の力を抜いて日々を過ごしていかれるように思うのです。子育て支援の臨床は、そのような親御さんの歩みに、つかず離れず寄り添いつつ、時にはほんの半歩先を歩いたり、ほんの半歩後から歩いたりして、「ずっと一緒にみていますよ」「あなたらしいやり方を、探していきましょう」というメッセージを送り続けることではないでしょうか。このような関わりは子育て支援の臨床に限らず、すべての臨床において、また人が生きるという局面において、大切なことだと感じます。

そして繰り返しになりますが、今の私は、「なるようになるわよという自然体」で、「暖かで、どこか楽しく愉快な雰囲気」も大切にしながら、「共に歩もうとの姿勢を崩さない」臨床をめざしていきたいと考えています。

おわりに

冒頭に書いた、「共に歩もうとの姿勢を崩さない」臨床を原点と思いながらも、今まで壁にあたったり、無力感に陥ったりしたことは、たびたびありました。もちろんこれからも、きっとあるでしょう。そのたびに今までのことを思い返し、自分自身に対しても「自分らしい臨床を探していきましょう」との声をかけ、自分にできることを自分のペースで続けていくことを大切に、クライエントと共に歩んでいきたいと考えています。

〔文献〕

河合隼雄『ユング心理学入門』培風館、1967 年

どのようにつながるのか
──〝きこえる〟心理士の体験から

広津侑実子

はじめに

心理臨床において、〝つながる〟ということは常に大切にされていることだと思います。クライエントが相談機関につながる、目の前の心理士とつながる、これまでの経験と現在のしんどさがつながる、今の思いが先の希望につながる、現実の生活の中で他の誰かとつながる、などの〝つながり〟があるでしょう。しかし、時にそれが難しい場合もありますし、臨床の現場でお会いする方はいろいろなつながりのつまずきを持っているようにも思います。そして、どれか一つでもつながれることはとても意味があるのではないかと感じます。

聴覚障害のない・きこえる心理士である私は、聴覚障害のある人との臨床の中で〝つながりにくい〟という感覚をもつことがあります。それと同時に、彼らとつながれた瞬間は素直にうれしく、手ごたえやわくわく感が起こってきます。ここでは、そのような体験を糸口に、どんな風に〝つながる〟のか考えていきたいと思います。以下では、クライエントと心理士との間のつながりを主に見ていきます。なお、事例は実際にお会いした方々ですが、個人が特定されることのないように仮名を用い、内容も一部改変しました。

つながることができない時
──言葉にとらわれてしまう

つながることを考える前に、私のきこえやコミュニケーション手段、やりとりをする時の感覚について振り返りたいと思います。私はきこえる人で、口で話をして耳で聞くというコミュニケーションを日常的に行っています。音は自然に耳に入ってきて、ダイレクトに相手の声（日本語の場合）をキャッチすることができます。今自分がきいているんだ、話しているんだということはあまり意識にのぼってきません。それより、相手の話や内容などに目を向け、私は何を話そうかという方に注目しています。

しかし、音声での言葉がきこえて自動的にキャッチでき、自分が不自由なく口で話せる時、つながることは当然のことと感じ、つながること自体の大切さが見えづらくなってしまうような気がします。

比較的つながりの難しさがないと考えられる、きこえる人との面接場面のことをまず振り返りたいと思います。院生の時に初めて相談室で担当した敦くんは、友人関係につまずいたことがきっかけで体調不良に陥り、中学校に行けない状態が続いていました。彼は、中学生たるもの学校に行くべきだとかたく信じていたのですが、どうあがいても登校できず、むしろ学校のことを少し考えるだけで吐き気が襲い、いっそのこと自分のこころと体を分けてしまいたいと考えるほどひどい苦しみの中にいました。面接室でもとても険しい表情で、まくしたてるように辛さを訴えてきました。私はその権幕に圧倒され、しどろもどろになりながら「じゃあ、このように考えたり行動したりしてみたら？」と、矢継ぎ早に〝答え〟を投げ返していました。彼から急かされ責められているように感じ、心理士としてどうにか早く解決しないと、と思っていたのかもしれません。さらに、わからないという曖昧な状態に居心地が悪くなり、早わかりして、というよりもわかったふりをして、口だけで正論を言っていたのかもしれません。その時、言葉が耳に届いていても、敦くんの辛さや思いを私のなかまでしみこませたり響かせたりすることができずにいました。敦くんが「広津先生は前回○○と言っていた。でも僕は違うと思うんです」と伝えてくれた時も、ああ、私の言葉が入らなかった……と肩を落とし、伝え方がまずかったと自分のダメさ加減にうんざりし、なんでうまくいかないんだ！　と感じてもいました。

言葉だけでつながろうとしていることをスーパーヴィジョン（以下、SV）で指摘され、たしかにそうかもと思いながらも、うまく動けずにいました。しかし、時間がたって振り返ると、彼の言葉が違って見えてきました。きっと敦くんは前回の私の言葉を一旦取り入れ、自分の思いや感覚とつなげようとしていたのだと思います。その中で、前回言われたこと、なんかおかしいなあ、それはどういうことなんだろうと一週間考えていたのだと思います。敦くん自身が自分の思いや私の言葉とつながろうとしているからこその〝違う〟という感覚だったのでしょう。しかも、その異議申し立てを私の前でまっすぐに伝えてくれました。どんな風に違うなあと思ったのか、私の言葉をどんな感じに受け取ったのか、彼の言葉が口から出てくるまでにどんなことを思って過ごしたのかなどに目を向けていたら、また少し違う展開になっていたかもしれません。

敦くんのケースからは、同じ言語を話す者同士でつながることは難しくないはずなのに、実際にはそんなに容易ではないことがわかります。そして、言葉だけでつながりは作れず、言葉や表現に込めた本当の思いや考え、気持ちはなにかを考えていくこと、こうすべきといった考えや感覚をひとまず脇に置いておくことが大切ではないかと思われます。

いきいきとしたつながりが現れてくる時
——思いや見方を大切にする

次に、聴覚障害のある人の事例から、つながりの作り方について考えていきたいと思います。

聴覚障害のある人とのコミュニケーション手段と言えば手話が思い浮かぶかもしれませんが、残存聴力の程度や受けてきた教育によっては、補聴器や人工内耳を使って声で生活する人もいます（厚生労働省、2016）。特別支援学校（聴覚障害）（以下、ろう学校）にカウンセラー[i]として入り始めたばかりの頃に出会った中学生の咲さんも、人工内耳を装用しており、静かな場所では声だけでほぼ会話ができます。ご家族は皆きこえるため、家庭内では声だけを使っているようです。ろう学校の友達とは手話で話しますが、面接室内ではきこえる私に配慮してか声と手話の両方を使って話してくれました。咲さんは、友人関係のこじれから大事件を起こしてしまい、たくさん怒られ、指導の一環として

---

i）ろう学校でのカウンセリングは日本ではまだあまり多くは行われていません（河﨑、2014）。今後、ろう学校・特別支援学校での心理支援制度の構築や手話が使えるろう・難聴者・聴者のカウンセラー養成などが求められます。

先生主導でカウンセリングにつながりました。初回はとても緊張した様子で、「大丈夫です」、「学校生活は順調です」と言い、その後は趣味について一方的に語ってきました。途中でトラブルについてきこうと水を向けても、「はい。皆さんに迷惑をかけました。謝りました」と、まるで反省文をなぞっているかのような言葉が戻ってきます。どんな気持ちかを尋ねても、「大変でした」、「疲れた」と言うだけでした。手話と声とどっちの方が咲さんとのやりとりにいいのかなどといった所でも私は悩んでしまい、辛うじて「咲さんが大変だってこと、分かった。だから、またお話しできるといいなと思ってる」とぼそぼそと伝えただけで、何も切り込めずに時間になってしまいました。敦くんとのセッションのように、言葉だけが二人の間で飛び交っているようでした。

次の回、病み上がりにもかかわらず、「今日は広津先生に話したいことがあるから、絶対に相談に行きます！」と宣言していたと担任の先生から事前に伺いました。話したいことって何なんだろう、実はもっと深刻なトラブルが起こっていたとか……とびくびくしたり、まだ体調も万全でないのに大丈夫かなと素朴に心配になったりしながら、放課後の相談の時間を迎えました。やや紅潮した顔の彼女に、「お話ししたいことがあるってきいたんだけど……？」と恐る恐る尋ねると、「そう、今日はしりとりをしたいと思ったんだ」と教えてくれたのです。それをきいた時、ふっと肩の力が抜け、咲さんの〝つながりたい〟という思いがすっと私にしみこんできました。そして、しりとりという楽しい道具をもってきてくれたことがとてもうれしくて、相談時間いっぱいしりとり遊びをしました。（このエピソードは印象深くて、田中先生に走って報告しに行ったことをよく覚えています。）

面接の後で、悪いことを言葉で伝えるのではないかと考えていた自分を恥ずかしくも申し訳なくも思いました。面接室で話すこと＝言葉で何か意味のあることを伝えることという認識が私にあったのだと思います。しかし、咲さんが本当に求めていたこと、真の主訴や目標は、一対一できちんと向き合い、一緒に時間を共有し、こころからじゃれ合いを楽しむことだったのでしょう。私の治療契約はたどたどしいものではありましたが、少なくとも向き合おうとした姿勢を咲さんは汲み取ってくれて、〝しりとり〟という目で見える形でOKサインを示してくれたのだと思います。

なお、そのしりとりでは声と手話と筆記といった複数のコミュニケーション手段を併用し、しっかりとつながる手ごたえを感じていました。音声のみでやりとりをした場合、咲さんは音声言語を操ることができる聴力ではありますが、一言一句聞きもらさないように全力を傾けなければなりません。聞くことにも神経を張り巡らしながらでは、ゆったりとしりとり自体を楽しむことはできなかったでしょう。一方で、紙に文字を書いていると、コマ送りのように動きが乏しいしりとりとなり、咲さんが求めているようないきいきとしたつながりにはならなかったのではないかと思います。

咲さんからは、つながりはとてもあたたかで何気ないもので、きちんと相手と向き合っていくことなのだと感じられました。きこえる人同士での音声でのやりとりだとしたら、お互いに話したり聞いたりすることに不自由がないため、つながりの基礎のような部分を築くのはそんなに難しくないのかもしれません。しかし、きこえない人とのつながりを作ろうとする場合、リラックスしてやりとりができるような環境や配慮を要するのではないかと思われます。それは、咲さんにとっては、声と手話と筆記、そしてしりとりといったたくさんの手段を使うこと、次の菜々さん、誠くんの場合は、真正面から手話で伝え切ることです。

しっかりとしたつながりができる時
――手話で伝える・伝わる・つながれる

ここでは、手話でのつながりについて考えてみたいと思います。聴覚障害のある人との心理臨床では核となる事柄であり、実践もいくつか報告されています（河﨑、1996 など）。それなのにここまで後回しになってしまったのは、私自身の課題が関わっているかと思います。私が手話を勉強し始めたのは大学生の時でした。ろう者の先生から直接教えてもらう手話はとても魅力的でした。手話での語りに接すると、たとえば印象派の絵画に向き合っているようにじんわりと相手の思いに包まれ、迫力のある映像を見ているかのようにくっきりと相手の思いが押し寄せてきます。手や表情を滑らかに使うろう者の姿はきらきらとしてかっこよく、少しでも近づきたいなと思っていました。しかし一方で、私にとっては（耳での音声言語とは違って）自動的に意味や思いがつかめる言語ではなく、一瞬たりとも手話を見落とさないようにと目が痛くなることもあるほどに身構えてしまうこともあります。（咲さんが音声を聞く時の逆バージョンでしょう。）そして、自分の伝えたいことや思いをどのように手話で伝えようかと迷い、フラストレーションが起こることもあります。時間がたつにつれて、その感覚は徐々に薄れてリラックスして〝手話れる〟ようになったとは言え、わからない時には「ごめん、もう一回言って」と繰り返しお願いするしかなく、仕方がないさと頭では理解していても、相手に配慮させてしまったとみじめに感じたり、自分の不甲斐なさに落ち込んだりすることもあります。脳梗塞で左目以外の全身が麻痺し、まばたき以外のコミュニケーションが取れなくなった「潜水服は蝶の夢を見る（Schnabel 監督、2007 / Bauby 原作、1997)」というフランス映画の主人公のように、もどかしく感じました。そして、スムーズにコミュニケーションできないこの感覚は、きこえる人と向き合っているきこえない人たちが日々感じていることの裏返しであり、きっと私は多少なりともその追体験をしているのだろうとも理解しています。

さて、日本のろう学校には聴覚口話教育[ii]が根強くあり、成人ろう者たちの手話の世界とは少し異なっています。それでも、小さい時から手話で生きている子どもたちも少なくありません[iii]。菜々さんもその一人です。幼稚部の時から手話を使い、音声はほとんど使いません。菜々さんは気持ちのコントロールが難しく、クラスメイトに少しちょっかいを出されては大泣きすることを繰り返していました。相手と距離を取るようにと具体的で丁寧に指導しているけれど、うまく入らないと担任の先生は仰っていました。菜々さんと面接室でお会いすると、手話で「○○くんと毎日ケンカ！　すっごく苦しい！」と話し始めます。そして、教室の机の配置をイラストで示しながら、今日起こったトラブルを説明し、どんなに嫌だったか語り、自分の座席を四方から囲むように段ボールで高い壁を作りたいと訴えます。両腕を高く持ち上げる手話を使いながら、教室の天井につきそうなくらい「高ーい壁！」にしたいのだと。私もその場で彼女の腕を見上げてしまうほどの高さで、他の人の手が届かないほどに菜々さんは傷ついているのかな、段ボールの壁の中は暗く冷たいのではないかと切ない思いを抱えました。手話の力のなさも相まって、「そっか……しんどかった

ii）補聴器や人工内耳などによる聞き取り、発音、読話といった音声言語を中心とした教育。

iii）近年、手話言語条例が各地で制定され、大阪府のこめっこ、神奈川県のしゅわまるなど、乳幼児期から手話言語を獲得するための取り組みが始まっています。

ね……」としか返せず、ただ菜々さんの怒涛の語りをうなずきながら見ていました。でも、どこかで段ボールという所が手作りで温かい感じがあり、ガムテープで貼るのをちょっと手伝いたいなとか、壁が倒れないように支えた方がいいかしらなどと感じて、でも手話ではうまく伝え返せずにいました。

しばらくすると、菜々さんは「でも、黒板は見えた方がいいな。トイレに行きたい時にすぐに出られないと困っちゃうし、壁は三方向だけにしようかな」と消しゴムで一つ壁を消したのです。私の感覚を彼女がキャッチして修正したのかもしれませんが、授業やトイレなどの日常生活でのほどよいつながり方や現実的な視点も持っているようにも感じられました。先生が指導してくださった距離をとるという視点を取り込みながら、菜々さんなりの対応策を練ってきたようでした。

ここで、菜々さんは目の前の私と手話（とイラスト）だけで話しました。そのため、一つだけの言語で菜々さんの主張や思いを言い切れたことがよかったのかもしれません。さらに、とにかく本人の思いを邪魔せずに気持ちや考えを伺おうとした姿勢も手助けしたとも考えられます。敦くんの時にはあった、こうすべしという押し付けがなかった、というより手話力もあって押し付けられなかったことが奏功したのでしょう。すなわち、菜々さんの語りを、声や日本語の視点からではなく、手話をそのままの状態でじっくりと見て受け止めてもらうという体験がなされたことで、菜々さんは自分のペースを取り戻せて落ち着いて気持ちの整理ができ、対処を自然と考えることができたのだと思います。

もう一人の手話でつながった事例も見てみたいと思います。難聴者やインテグレーション[iv]出身の人、中途失聴者などでは、大きくなってから手話に出会い、手話を使いたいのだけど自由に操ることができないと感じる人もいます。（聴力やきこえに伴う経験はまったく異なりますが、うまく表出できないという点では私と似ているかもしれません。）しかし、それでも間に手話があることでつながる瞬間があるように思います。誠くんは、小さい時から人工内耳を装用し、ご家族との間でも声だけでやりとりをしてきました。一般学校でずっと手話にふれずに育ってきましたが、様々な経緯があり、学年途中から手話のあるろう学校に転校してきました。誠くんは、覚えたての手話で私とやりとりをし

iv）ろう学校・特別支援学校ではなく、地域の一般学級に通うこと。

ようとします。しかし、片言でかたい話しぶりの手話で、言いたいことをうまく伝え合うことができないもやもやとした時間が続きました。手話だと負担なのではないか、声だけで話した方が却って楽なのではないかと焦りを持ちながら、でも誠くんが選んだコミュニケーション方法を大切にしたいとも私は感じていました。そのような迷いの中、ある面接で、誠くんは家族との思い出話を始めました。幼い頃に家族で海に遊びに行ったというエピソードになると、誠くんの手と表情がこれまでとは打って変わり、流れるような手話語りになったのです。傍らで話をきいている私の目の前にも海が広がってきました。太陽がギラギラして暑く、でも、海風は心地よくてすーっと涼しい。その下で、おしゃべりはなくとも素直に家族一緒に笑い合っている。ここではきこえや障害といった視点はどこにもなく、一人の子どもとして無邪気に遊んでいる誠くんの姿が見えてきて、ああ、家族とこんな関わりもあったんだとすとんと腑に落ちる感じがありました。

きこえる人との面接場面でも、相手の語りからイメージが喚起されることがあります。しかし、誠くんとの面接場面でのそれはよりビビッドでこころに迫ってくる感じがありました。これは、一つには手話という視覚言語を使ったことで、映像的なイメージが活性化されやすかったのだろうと考えられます。誠くんは、自分の頭やこころのなかにあるイメージを直接手や表情に託して表出できたのでしょう。自分のこころにぴったりの手話表現を見つけられることで、私という他者に無理なく伝えられたのだと思います。もう一つ、誠くんの手話を使うという選択を尊重して関わったことも意味があったかもしれません。コミュニケーション手段自体も本人のペースや考えを大切にすることに意味があるのだと考えられます。自分の言葉を尊重して関わるという態度によって、より自分のペースで語れ、相手にしっかりと伝えることができるのでしょう。

聴覚障害のある人との対話では、手話や音声で「わかる」部分が互いに制限されることが多く、「わからない」という思いを心理士が抱えてしまうことがあります。その結果、つい「わかる」点だけに焦点化してつながろうとしてしまいがちなのではないでしょうか。これは、敦くんとの間で私が早わかりしてしまったことと似ているでしょう。しかし、わからなくつながりにくいからこそ、きちんと表出できた部分以外の面、本人の思いや体験、本人がどんなペースでどんな手段でつながりたいと思っているのか、心理士の方に湧き上がってきたイメージなどといった点にも視点を向けることが、聴覚障害のある人と—ひいては人一般と—つながるためには大切なのだと思います。

おわりに
——つながることがもたらすもの

多くのケースと関わる中で、言葉だけではなく、本人の体験そのものに注目しようとすること、本人の思いを大切にすること、正面から向き合おうとすることがつながるために大切であるということを教わりました。そして、聴覚障害のある人とのケースからは、つながるということそのものが大きな力をもっていること、表面的にではなく深く向き合ってじっくり見ていこうとする姿勢、早わかりせずに手話や声やイラストや遊びなどその人が大切にしているいろんな道具を使ってつながろうとすること、そしてこころとぴったりくっつくように表現される手話の力や響き合い、そして本人のもつ力のすごさを感じ取ることができました。これらは、聴覚障害のある人との臨床に限らず、どんな人との臨床においても共通して大切なことでしょう。しかし、私は聴覚障害のある人との臨床や日々の付き合いの中からより教わったように思います。

そして、私はケースからだけではなく、SV、事例検討会、この原稿執筆などのなかでもつながりの大切さを感じていました。SVでは、田中先生から常に、早わかりせずに丁寧に相手と向き合うようにと私の姿勢を問われ、臨床場面で感じていた言葉にならない思いを一つ一つ掬ってもらい、つながれた事例には一緒に喜んでもらい、支えられてきました。事例検討会や原稿執筆でも、普段なかなか触れない現場の事例でもオープンにきき、感じ、ご自身のケースや現場とリンクさせながら考えてくださったことを伝えてくれるゼミの先輩方・同輩・後輩がいました。ケースで出会った方々、周囲の皆さんとつながることで私がエネルギーをもらってきました。このような様々な〝つながり〟を大切にし、また一歩ずつ歩んでいこうと感じています。

〔参考文献等〕

河﨑佳子「聾者の心理療法と『ことば』—聴覚障害者施設における心理相談の試み」『心理臨床学研究』14巻1号、75-85頁、1996年河﨑佳子「特別支援学校（聴覚障害）における『心理的支援スタッフ』についてのアンケート調査」（全国聾学校長会編）『聴覚障害教育の現状と課題 11』113-114 頁、2014 年

厚生労働省「平成 28 年生活のしづらさなどに関する調査（全国在宅障害児・者等実態調査）」2016 年（https://www.mhlw.go.jp/toukei/list/seikatsu_chousa_h28.html）

Schnabel, Julian（監督）/ Harwood, Ronald（脚本）: Le Scaphandre et le Papillon（潜水服は蝶の夢を見る）［DVD］2007.（原作 Bauby, Jean-Dominique, フランス, 1997.）

クライエントの人生にどう出会うのか

小野田奈穂

はじめに

大学院に入学してすぐに教えていただいたことがあります。それは「クライエントを理解するためにまずは標準的な発達過程を学んでおくとよい」ということです。それは私にとってとても印象的な言葉で、今でも心の中に残っています。当時の私は、その言葉の意味をそこまでよくわかっていなかったと思いますが、ケースを担当し始める前にとにかく標準的な発達過程を生で学ぼうと、ベビーシッターや家庭教師のアルバイトをして子どもと触れ合ったり、ボランティアで様々な親子と関わったり、街では様々な世代の人を眺めたりしていました。その学びは、その後心理臨床の現場に入った時に、確かに役立っているという感覚を持ちました。基準を持っていると、そこからどう違っていたり重なっていたりしているかと考えることができ、クライエントの状態や特徴、困っていることの理解につながりました。ですが次第に、その言葉にはそれだけには留まらないたくさんのヒントが隠されているのではないかと考えるようになり、折に触れてその言葉の意味を問い直してきました。そのうちに、「標準」との重なりや差異を理解するだけでなく、それをクライエントが人生に織り交ぜていく過程にも思いを巡らせるようになりました。「標準的な発達過程」との照らし合わせだけでは計りきれない「その人それぞれの人生の発達過程」にも目を向けるようになり、そこから「クライエントの人生にどう出会うのか」という問いを持ち続けています。

本稿では、「標準的な発達過程を学ぶ」ことを入口に「その人それぞれの人生の発達過程に目を向ける」ということにも考えを広げながら取り組んできたケースを振り返り、クライエントの人生にどう出会ってきたのか整理したいと思います。なお、本稿で紹介するケースは、大学での学生相談と病院の小児科での心理相談で出会ったケースです。個人が特定されることのないよう、名前は仮名を使用し内容は一部変更しています。

「ふつう」をめぐる苦悩を人生に織り交ぜていくこと

標準的な発達過程とはどのようなものだろうと考えてみると、人それぞれが標準的な基準のようなものをイメージして持っていることに気づきました。それは例えば子どもの発達が気になってネットで定型発達を調べてみたり、テレビで同世代の人の生活が紹介されてそういうものかと思ったり、周囲の人を見て標準のイメージを作り上げたりと様々な場面が基準を作るきっかけとなります。そして、それはいわゆる「ふつう」という言葉でくくられることが多いと思います。私たちは、よく「ふつう」という言葉を使います。相談の中でもこの言葉をよく聞きます。「自分はふつうの人とは違う」「学校に行くのがふつうなのに、なんで我が子は行けないのか」「ふつうの人は学校に馴染めているのに、自分だけ馴染めない」などと、自分や家族が「ふつう」とは違うことや「ふつう」にできないことに苦悩する様子が聞こえてきます。反対に、「自分はふつうすぎて、何も秀でているところがない」と「ふつう」の中にどっぷり浸かっていることに悶々としている人とも出会います。そして、私自身も、「ふつう」にまぎれたくなったり、そこから飛び出したくなったりして、「ふつう」をめぐって悩むことがよくあります。このように、私たちは、「ふつう」という概念で自分をしばってしまい、とらわれて苦しむことが多くあるように感じます。

「ふつう」を考えるときに、2つの捉え方が考えられます。1つめは、標準といわれる発達基準からのずれや症状、疾患、障害等の有無を「ふつう」の基準としている場合です。発達基準からさほどずれがない場合や、症状や疾患、障害を持っていない状態のことを「ふつう」と捉え、それらがあることは「ふつうではない」と捉えるということです。この捉え方を和樹さんの例で紹介します。大学生の和樹さんは、ASDの診断を受けており、人とのコミュニケーションを求めて行動してはうまくいかずに疲れ果ててしまい動けなくなることを繰り返していました。和樹さんはASDの特徴についてよく調べており、自分にコミュニケーションの苦手さがあることはよく勉強していました。ですが一方で「みんなみたいにふつうにリア充したい」と、授業の合間には近くの席の人にどんどん話しかけ、またサークルや研究会、SNSで見つけた交流の場などを見つけては積極的に参加してみます。参加してみるとみんなの輪にうまく入れず、余計な一言で場を凍らせてしまったり、そうならないように気を使いすぎてずっと愛想笑いをして終わったりと、参加しては疲れきって調子が悪くなっていました。相談を続けていくうちに、自分はASDでコミュニケーションが苦手で、人と接すると疲れてしまう。でも一方で自分は人と接することが好きで人とコミュニケーションをとりたい気持ちもあるのだと語られるようになりました。和樹さんのケースでは、人との関わりが苦手で疲れてしまう自分と人と関わることが好きで求めている自分がいて、そこが交わっていかないことの辛さを共有しつつ、2つの自分のどちらかを大きくしたり小さくしたり交われそうなところを見つけたりしながら、折り合いをつけていくことに取り組んだように感じています。発達や診断の基準というのは確かにあり、その基準と照らし合わせて特徴を理解していくことがその時のクライエントには大切そうだと思うケースもあります。ですがそれはその人の人生から切り取られて存在しているものではなく、人生にどう織り交ぜていくかということを考えてこそヒントが生まれるのだと思います。

2つめの捉え方は、「ふつうの人」や「ふつうの人生」といった人それぞれが頭の中にイメージしている「ふつう」を考える場合です。これといった基準は実在せず人それぞれのイメージによるものなので、その曖昧さが余計に私たちを惑わせるように思います。広也さんを例に考えてみます。大学1年生の広也さんは、いわゆる進学校と呼ばれる中高一貫校に通っており、幼少期から教育熱心な家庭と学校で育ってきました。その環境の中で、勉強を頑張って偏差値の高い大学に入ることが「ふつう」で価値があり、そこから落ちこぼれた自分はダメな人間だという強い思いがありました。受験勉強を頑張りきれず、同級生よりも偏差値が高くない大学に入学した自分をひどく否定していました。広也さんは出会った当初、「自分はふつうとは違うんで」「みんな（高校の同級生）はちゃんと生きているのに自分は……」といったことをよく語っており、「ふつう」に生きてこられなかったという思いはとても強いものでした。相談では、広也さんの思う「ふつう」がどのようなものなのかということとそこからはみ出てしまったと自分を否定する思いについて何度も話し合いました。次第に、広也さんは高校まで持っていた「ふつう」の感覚が、別の環境に身を置くとそれが「ふつう」というわけでもないのだということに気づいていったように思います。その気づきが語られるようになったころから、縛られ続けていた「ふつう」の呪縛から少しだけ離れ、現在の大学生活のことなど、今を生きられているのだなと感じられるような話題が多くなりました。ですが、そんな広也さんが大学生活について、「ふつうの人（大学の同級生）みたいに友達の輪に入れない」「ふつうに就職したい」などと語り、彼が「ふつう」という言葉で捉えているものがいつの間にか変化して存在していました。私は広也さんとの相談を通じて、「ふつう」という感覚は少し縛りを緩めたり、小さくしたりすることは時としてできるけれど、形や中身を変えながらずっと付き合っていくものなのだということに改めて気づかされました。広也さんとの相談を振り返ると、自分の思う「ふつう」の人に近づきたい思いとそうなれていない自分に対する悔しさや否定する気持ちは抱えつつも、自分らしい生活や生き方について、それはそれで考えていくといったプロセスを共にしたように思います。

みんなと同じ必要はない、ふつうじゃなくていい、人と比べずに生きればいい、発達の偏りも個性の１つ……。そう曇りなく思って生きていけたら確かに肩の力を抜いて気を楽にして生きられるでしょう。ですが、実際は「ふつう」や「みんな」、「標準」と比べて焦ったり、悩んだり、否定したり、いやいや人と比べずに自分らしく生きていこうと思いなおしてみたりしながら生きていることが多いのではないでしょうか。「ふつう」と比べる考えをなくそうとするのではなく、「ふつう」という感覚をめぐる苦悩をわかろうとすること、また、その苦悩を抱えつつも「ふつう」とどう上手に付き合いながら人生を生きていくかということを考えていく姿勢が大切なのではないかと考えています。

人生をつなげていくこと

人はそれぞれに人生の道のりがあり、それぞれが生涯に渡って発達していきます。クライエントと出会う時、自分はその人の人生の発達過程の一地点で出会っているのだという視点をいつも意識するようにしています。目の前にいるクライエントの「その時」の状態をわかろうとする際、「その時」はこれまでの人生からつながってきて、そしてまたその先の人生にもつながっていくものであると、「その時」を人生の流れの中で捉えるということです。

目の前のクライエントの状況が苦しいときほど、「その時」の状態ばかりに目がいきがちになります。それはクライエント自身も同じかもしれません。この辛い状態はいつまで続くのかと、先が見えなくなり、先が見えなくなると今の状態から身動きがとれなくなってより苦しくなるという悪循環が起こるのではないかと考えられます。そのような時、セラピストの私にできることは、先につながることをクライエントと一緒に考えていくことだと思っています。これからも続く人生の過程での悩みごとと捉えることができると、解決のために動く力もわいてくるように思いますし、また悩んでいる時間もこの先につながる大切な時間と少しだけ思えて悩んでいていいのだという気もしてきます。今が先につながっているという感覚を持てることが、今を生きる力になるのではないでしょうか。そのことを実感したケースとして勇太くんとの出会いがあります。中学生の勇太くんは、小学校のころから学校を休みがちでした。出会ったころの勇太くんは、小柄で細く、屈託のない笑顔でおしゃべりする幼さの残る子でした。標準の発達過程を基準にすると、多くの中学生が身につけているような中学生を生き抜くのに必要な自分を守るための武器も戦略も持たずに、純粋でどこか無防備なまま育ってきたように感じられました。その無防備さからか、登校を促されるとするりと登校し、登校すれば友達の輪にもするりと入れます。ですが、登校後はしばらく起き上がれないほど調子が悪くなり、またしばらく欠席が続くということが繰り返されていました。長年そのサイクルから抜け出せずに、この状態がいつまで続くのかと途方に暮れている母子の姿がありました。私は、勇太くんの持っている純粋さと周りに自然と人が集まってくる彼の魅力は、傷つけられてなくなってしまうことがないように守っていきたいと強く感じました。その魅力を未来まで守っていくために、勇太くんが、自分のことを自分でつかんでいくことと外の世界で自分を守る術を身につけていくことが必要なのではないかと考えてセラピーを続けていきました。そこから３年後、勇太くんは、高校に入学するとこれまで充電しつづけたものをいっきに発揮するかのように、毎日登校しバイトをし友達に囲まれまさに青春の時間を送るようになります。ですが、そこまでの道のりは長く「忍耐」という言葉がしっくりくるものでした。「忍耐」の時間は、終わりの見えない暗いトンネルを歩んでいるようで、少しずつ彼の中にあるものを育てていきながらも、その過程では爆発したりうまくいかなかったり調子がとても悪くなったりと様々なことがありました。振り返ってみると、様々なことが起こるたびに、勇太くんの魅力を失わずに発揮できる未来のために、今はとてもしんどいけれど、時間をかけて自分を育てていこうというメッセージを母子に伝え続けていたように思います。また、今の「忍耐」の時間はどこか進んでいないような感覚を持つかもしれないけれど、着実にこの先の人生に続いているのだということも、たびたび確認しあっていました。先が見えない暗いトンネルの中を進まなければならないとき、このトンネルには終わりがないのではないか、このトンネルにどうして自分はいるのだろうか、このトンネルを進む意味はあるだろうかといった気持ちになっていくのは自然なことだと思います。そのような時、トンネルの出口がどこにありそうか一緒に考えていく存在や、今ここにいる意味を出口を見据えて確認しあえる存在が、少しでも支えになるのではないかと考えています。

今が未来につながっていることだけでなく、過去からつながってきたからこそ今があるのだという視点も大切にしたいと思います。大学生の友里さんは、うつ状態がとても長く続いており、大学生活もままならず生きる気力を失いそうになって来談されました。友里さんは「頭の中にひどく絡まってほどくことができない大きな糸の塊がある」と語り、長年自分の存在価値や生きる意味などを頭の中で考えては絡まっていき頭の中がパンクしそうな状態でした。しばらくしてあまりにもうつ状態がひどいので医療機関にも頼ることを決断し、薬物療法も開始したところ、薬の効果もあってかずいぶんとうつ状態が軽減し、それに伴って頭の中もだいぶスッキリとした状態になりました。ですが、同時に新たに出てきた葛藤が語られました。「今の自分は前の自分よりずっと楽になれて調子もいい。でもこれまで生きてきた自分がなくなってしまったようで戸惑っている」と。じっくりとその葛藤について聴いていくと、友里さんにとって過去とは途切れ途切れに存在しているもので、今を生きることは過去を否定して捨てていくような感覚を持っているようでした。友里さんとの相談は、調子がよくなって良かった！ということに重きを置きすぎず、過去の友里さんがここまで生き抜いてきたことを大切に、途切れ途切れにあった過去を丁寧につなげていく作業をしていったように感じています。
過去も今も未来も、その人の1つの人生として連続してつながっているものです。そのどれもその人にとって大切な人生の一部であり、1つのつながりであることを忘れずにクライエントと出会いたいと思っています。

人生と人生が関わっていくこと

クライエントに人生があるように、クライエントを取り巻く人たちにもまたそれぞれの人生があり、それぞれが生涯発達の過程にいることにも考えが広がりました。人生と人生の関わりの中で、それぞれの人生が進んでいき、さらにはその関係も変化していくことに目を向ける必要があると思います。
ある心理的な問題のことで来談されていた小学校高学年の加代さんは、母ひとり子ひとりの家庭でした。母と子の距離はとても近く、いわゆる「母子密着」などと悪いニュアンスで言われてしまうこともあるだろうと感じました。ですが、私はどうしてもこの親子にその言葉をあてはめてそこを問題として簡単に捉えたくはありませんでした。加代さんにとって父親を失う体験はどのようなものになっているのだろうと考えていくと同時に、母親にとって夫を失い子どもを1人で育てていくことはどんな体験になっているのだろうかと想像しました。そう考えると、ここまで生き抜いてくるには2人のその距離感で支えあってきたのは必然だったのだろうと感じました。加代さんの人生にも母親の人生にも、その距離感で過ごす時間は必要だったのだと思います。親子でぶつかったり互いに入り込みすぎたりしながら、中学を卒業する頃には、加代さんは母親は母親、自分は自分というスタンス、母親は心配半分、安心半分といった様子で子を見守る距離感に変化していきました。母親は、1人で子どもを育てていく覚悟を持つ時間も持てないままにその状況に置かれ、私が出会ったときにはそれがつい昨日起こったかのように傷をそのまま抱えているような印象でした。傷の手当てをする余裕もなく、それでも過ぎていく時間を加代さんと寄り添いあってなんとか過ごしてきたようでした。加代さんの様々な心理的な問題に向き合いながら、母親もまた、夫を失った自分の人生、母親として加代さんを見守っていく自分の人生を引き受けていったように感じます。
例えば加代さん親子でいうと、「母子密着」の関係を作っている母親を問題、原因かのように捉えてクライエントを理解することは簡単かもしれません。ですが、加代さんの人生があるのと同じように母親の人生もあり、加代さんの人生が進んでいく間に母親の人生も止まることはありません。クライエントと、クライエントを取り巻く人との関係を、それぞれの人生の交わりの中で起こっていることとして捉えると、なぜ今この関係性が作られているのかが見えてくるような気がします。それは、「母子密着」といった言葉で切り取って考えるだけでは見えてこないもののように感じています。この先続くそれぞれの人生にとって、ちょうどいい関係というのはその時々で違ってくるでしょう。クライエントの人生だけでなく、クライエントに関わる人の人生にも思いを向けて、その時々のちょうどいい関係を見つけていく手伝いができたらと思っています。

また、クライエントとの出会いは、私の人生とも関わりがあると感じています。私は、しばらくの間心理臨床から離れていた時期があります。私が臨床から離れている間、仲間たちが一生懸命に臨床にのぞんでいる姿を見ていました。臨床に復帰したときに、そんな仲間たちに追いつかなければと焦りと不安でいっぱいでした。私の思う「ふつう」に急いで近づきたくて近道をしたいのにうまくいかずに空回りしているような状態だったと思います。あの頃の私は、大学院に入学したてのような臨床経験ゼロに戻ったような感覚があり、臨床経験ゼロの感覚なのに風貌にフレッシュさはなくブランクなどないかのようにクライエントからは見えているだろうと想像し、その想像でまた苦しくなっていました。はじめは空回りの連続でしたが、１人１人との出会いを大切に向き合っていくうちに、経験はゼロに戻るわけがないことに気づきました。臨床から離れる前にたくさんのクライエントと出会った経験も、臨床を学んだ上で臨床から離れて生活をした経験もなくなることはないのです。それらの経験からつながってきた今の私だからできる臨床があるのではないかと考えるようになりました。もし広也さんとブランク前の自分が出会っていたら、「ふつう」にこだわる彼の気持ちにそこまで寄り添えなかったかもしれません。過去があるからこその今なのだと過去を敬う気持ちを体感した自分だからこそ友里さんの過去にもじっくりと目を向けることができたのかもしれません。クライエントの人生の「その時」と私の人生の「その時」に出会ったからこその関わりがあるのだと今は考えています。これまで出会った全てのクライエントとの関わりが、私の人生にもつながっていることは間違いありません。

おわりに

「標準的な発達過程をまず学ぶ」という言葉を手掛かりに、これまで心理臨床を続けてきました。そのうちに、「人それぞれの人生の発達過程」にも心を向けるようになりました。私自身もまだ人生の途中なので、この先の臨床経験や他の様々な経験の中で、きっとまた新しいクライエントとの出会い方を見つけていくことと思います。

たくさんのクライエントとセラピストがいる中で、「その時」に出会った縁を大切にこれからも臨床にのぞんでいきたいと思います。

主体的な思考とはどのように育まれるのか
――障碍心理学の授業をめぐって

中島由宇

目の前の事態に対して主体的に自分の力で考えることは、クライエントとのやりとりで常に今ここの判断を迫られる心理職にとって必須能力です。しかし、主体的な思考を「育てる」のはたやすいことではありません。周囲から主体的であるよう促したり、ましてや主体的であれと強要したりすることは「語義矛盾」（比嘉、2011）ですらあるように、どうこうしようと周囲が意気込むほどにかえって損なわれてしまうのが主体性であるからです。それでも、主体性というのが人と人がかかわる社会的状況でのありかたのひとつであって社会的状況に影響を受けていると考えられる以上、主体性が確立しやすい社会的状況とそうでない社会的状況があるはずです（周囲が主体性を強要するのは主体性が確立しにくい社会的状況ということです）。主体的な思考を育むにはどのような社会的状況、特に教育的環境を整えたらよいのか考えたいと思います。

私の専門は障碍心理学です。このテーマは後述の通り主体的に自らの問題として取り組むことが特に肝要です。大学生の頃、田中先生の障碍心理学の授業で私はそれを学びました。そして最近、新米の大学教員として、障碍心理学の授業実践で学生の主体的な思考を育む模索を始めました。これらの経験を検討の素材とします。

田中先生の授業

私は「発達障害学」という授業で田中先生と出会いました。当時の私は、障碍をもつ子どもと遊ぶサークル活動に参加し、その楽しさや難しさのとりこになっていました。子どもたちには「精神遅滞（今で言う知的障碍）」や「自閉症」という障碍があると聞いていましたが、私にはそうした説明がまったくピンときていませんでした。精神発達が遅れるとは、社会性の障碍とはどういうことなのかと、当時の私は全身の細胞が「わからないんだ！」と叫んでいるような状態でした。

そんな中、田中先生の授業を受け、「なんでこの先生は、あの子たちのことをこんなに知っているの？」ととても驚きました（以下は授業ノートからの抜粋です）。先生は、発達障碍をもつ人への心理療法が欠如しているという問題（発達障碍ブーム前夜でした。といっても、今日、支援はどれほど発展したでしょうか。）を指摘し、その根底には「発達障碍をもつ子どもはこころに傷を受けない」という私たちの差別があるとしました。そして、こころの傷つきを捉えることこそが大切であるとして、豊富な臨床実践において先生自身が捉えた障碍をもつ人のさまざまなこころの様相を紹介しました（周囲の「できない」という思い込みに子どもが合わせてしまうことや、手帳判定などの検査における緊張と自尊心の傷つきなど）。私は、自分がわかりたかったのは子どもたちのこころであったのだと気づいていきました。その授業ではじめて見た自閉症スペクトラムの当事者であるドナ・ウィリアムズの映像。ドナの捉える世界の繊細なきらめきはとても新鮮でした。そして、心理職として「わかったふうにせず、わからないなりにクライエントと向き合いながら自分のアプローチを長期に検討して自分の中の判断基準を作っていくこと」の重要性を教えられました。

先生は授業の冒頭で学生の書いたコメントを取りあげて、先生が感じたことを伝え返してくれました。必死に考えたことばにこめた思いがちゃんと受けとめられるということはなんてうれしいことなのだろう！　毎回教室の隅で懸命に思考をめぐらせました。

しかし、わからなさは深まるばかりでした。中でも、自閉症スペクトラムをもつある子どもがとる常同的な行動について、納得いかなさがずっと拭えないでいました。この授業での学びをもとに、卒業研究では、その子どもとのかかわりを記述し、常同行動の意味を検討しました。

私の中には、その子どものわからなさに惹かれる思いと同時に、わからないことによる強い恐れや不安が起こっていたのだと思います。その自身の恐れや不安を直視する前に、私の中のその情動は、かかわることへの自信のなさや劣等感といった自分中心的な懸念へと容易にとって代わってしまうのです。不安定な青年期のただなかにあった私には、この移行はほとんど自動的に起こるものでした。その自動的な移行に何とかあらがって、わからないという感覚にかろうじて留まり続けて、自身に生じた情動をその子どものこころの理解につなげる試みが、私にとっての卒業研究でした。その子どもの常同行動は、その子が強烈に感じる不安（私はその一部を感じ取っていたのです）を乗り越え、他者とかかわろうとする意志と奮闘のあらわれであったのだ、常同行動はこちらがそのように捉える限りその子とのかかわりの取っ手になりうるのだと、私は発見しました。それは、自分中心を抜けて他者のこころを理解しようとする営みの萌芽であり、「自分の中の判断基準」を作るために主体的に思考する始まりでした。

私の授業

授業で目指していること

私は現在大学で「障害者・障害児心理学」という科目を担当しています。着任してから2期目の実践であり、オンラインでの授業も余儀なくされました。かつての私のような煮えたぎった関心を抱えている学生は少なく、心理職になるために必要だから、といった消極的な理由で受講する学生も多くいます（ただし、障碍の当事者（家族）である学生も少なからずいることは見落とすべきではありません。本論は以下、「障碍をもたない学生」と単純化しますが、学生に当事者性がないと決めつけるのもひとつの偏見でありこの論の限界です）。

障碍に関する知見を体系的に学ぶことはとても重要です。しかし私たちには障碍について表面的にわかった気になって済ませることで距離をおこうとするところがあると感じます。そこで、「わかったつもり」になって学生の頭の中に固まってしまいやすい障碍理解にどうしたら揺さぶりをかけられるのか、と考えていくことが課題となりました。

また、「障碍差別はなくすべき」といった第三者的な社会批判を学生から聞きたくはありませんでした。このようなことばは、自分が障碍を関係ないよそごとだと思っているから出てくるのです。学生に少しでも自分に関係のあるわがこととして障碍を捉え、自ら考えてほしいと願いました。第二の課題は、そのための教育的手立ても考えることでした。

第一の課題について、「え⁉」、「おや？」と少しでもこころを動かすような触媒が必要だと思い、私がかつて出会ったドナ・ウィリアムズの映像のような資料を探しまわりました。絵本やマンガ、映画などの障碍のすぐれた物語、現在の「あたりまえ」と隔たった過去のエピソード。そして、当事者や家族のずっしりとした生の重みが感じられる声。同じ障碍名であっても多様なありようや、当事者や家族のひといろではない複雑な思いを伝えたいと思いました。さらに、あくまで入口でしかないことを前提に疑似体験も取り入れました。

このように、学生の立つ足場を揺さぶり、固まった思考を相対化し自由にするような生きた触媒を探したのです。何より大切なのは、誰よりもまず私自身がこころを動かされるかどうかです。その私自身の情動体験を伝えることで、私のこころの振動が学生に伝播し、揺らぎを起こしうるのだと思います。

第二の課題について、「あなたはどう感じる？」、「あなたはどう思う？」と学生に問いかけ、「え⁉」、「おや？」と動いたこころをしっかりと捉えて言語化することを繰り返しレポートに求めました。中には、大学で書く文章で情動を記述してはいけないと思っている学生もいます。もちろん情動をそのまま吐露してはいけませんが、情動を切り捨てたりフタをしたりせず、情動を細やかに感じとって言語的に把握することが、血肉の通った主体的な思考の中核となるのです。情動や直感は、理性的、論理的な認知、思考プロセスと敵対するものではないのです（鈴木・鈴木、2010)。まずは素朴なことからでよい（田中先生から教えられました)、情動をことばにしていくことが大切です。

はじめに、障碍に対する偏見とは誰にでもあるのであり、自らの偏見をいかに自覚するかが大切であると伝え、自らの偏見に向き合うことに誘いました。最終レポートでは、2016年に起こった障碍者大量殺傷事件について、“この授業を受けていない友人が「確かに、生産性のない障碍者は社会に不要という加害者のことばもわかる気がする」と言った”という状況を仮定して、その友人に手紙を書くという課題を出しました（この事件後に障碍について考えるときには避けて通ることのできないテーマです)。手紙という形態をとったのは、他者に向かって発信する主体者であることを強く意識してほしかったからです。そして、学生に言語化を求めるだけでなく、田中先生のように、学生が発信してくれたことばを受けとめて私の思いを伝え返すように努めました。

学生のことば

学生と対話しながら考察を進めるここからのスタイルは田中（2002）のオマージュです。以下、学生のレポートを**ゴシック体**で引用します。

授業を行う前、私には内心強い不安がありました。効率性が重視され、皆が余裕のない現代社会において、障碍へのまなざしは冷たく厳しいものになっているようにも感じられます。学生からそうした冷たさをそのままぶつけられるというよりは、それを胸に秘めながら如才なくこちらに合わせたことばを返されて、私の独り相撲になることを恐れました。

もちろんそうしたものも皆無ではありませんでしたが（主体的にそのような態度をとることも学生の自由です）、多くの学生は「**自分が『問題』の枠組みの中の外にいるのではなく、自ら入っていき、当事者として考える**」というこの授業の試みに、人によっては恐る恐る、参画してくれました。

●揺さぶりによって自分が変容し、「普通」が問い直される

「わかったつもり」を揺さぶられて、何か自分が変わっていくような進行中の体験をそのまますくい取って教えてくれた学生がいました。「**今まで自分の知らなかったことを知れていく感覚がとても面白くもあり、逆につらくなったりします。また、授業を受ける前と後では町でたまに見かけたりする障碍者に対する見方が少しながら変わったように感じている自分がいます。これはいい方向に変わったのかは正直なところ分かりませんが、いい方向に変わってきていると信じたいです。**」何が起こっているんだろう、とはっきりはしなくても、何か内的な変容が起こっていることを感じとっているようです。面白くもあり、つらくもあり、複雑な情動が動きはじめています。「**楽しみで、次にどんなことを学べて、自分にどんな変化があるのだろう**」と、自分の変容にワクワクドキドキしながら授業に臨んでくれた学生もいました。そして、「**普通って言葉はすごく怖い（中略）私が感じている普通は本当に正しいのか。どこからが普通でどこからが普通じゃないのか**」というように、多くの学生が、「普通」や「障碍」の意味が問い直される体験をしていきました。

●自分の偏見をみつめることの苦しさ

この授業は、障碍に対する偏見の自覚から始まりました。それは、学生によ

っては、「**障害者についてほぼ無関心であったために自分の中にあるものが差別的な偏見であるということすらわかっていなかった**」ところからの出発でした。
偏見はもつべきでないと思っていたところに、誰にでもあると私から教えられ、ある学生は「**容認されたような得体のしれない安心感**」をおぼえ、別の学生は、「**自分の思考が軽くなった気がする**」と述べました。「べき論」の抑制が取り払われ、まずは解放感や安堵をおぼえたようでした。
しかし、自らの偏見を自覚することは苦しく痛みを伴うことです。「**他人事のような考えばかり**」が浮かぶ自分をみつめ、「**自分の心の冷たさや心の中にある差別意識を強く感じ、このような考えしか持てない自分に腹が立った**」と述べた学生もいました。ある障碍をもつ友人と話していて障碍のことが話題になったとき、「**デリケートな話**」だと思い込んでどう話したらいいのかわからず当惑し、フラットな対話ができず「**酷くぎこちない受け答えになった**」という過去のエピソードを思い出した学生もいました。多くの学生が自らの中の「**何かしらの嫌悪**」や「**恐れ**」などさまざまな情動をそのつど認識し、「**授業を重ねるたびにどんどん辛い気持ちや悲しい気持ち、（中略）偏見があったことに申し訳ない気持ち**」など体験していきました。このように自分の偏見に対し怒りや罪悪感を抱くのはとても誠実な態度だと思います。しかし、ある学生が「**自分が障害に対して正直に思ってしまっていることに対して素直に受け入れてあげることも大切**」と書いてくれたように、そのような自分であることを素直に認めていこうとすることも大切です。私が卒業研究でとりくみはじめたように、判断や評価にすぐに向かおうとするのでなく、そこに留まり、味わってみることです。他者のこころとの出会いはそこに到来します。

●少しだけ見えてきたこころの世界、学ぶほどわからなくなる感覚

「**今まであまり考えたことがなかった障害者の心について興味を持つことができ、私が知り得ない感覚と感情、世界が広がっていることが分かった**」というように、授業を重ねる中で、障碍をもつ人や家族のこころの存在にまなざしを向けられるようになり、そのこころの世界が少しずつ見えてきました。「**しゃべることができなくても、目線や細かな表情で意思や豊かな感情を読み取ることができることに驚いた**」、「**障害者の方々の持つ豊かな世界や、周りの空気を和ませるような温かい笑顔などに触れ、これまで知らなかったような多くの発見をした**」とい

った、思いもよらなかった豊かな世界に触れる体験でもあり、「**(映像を) 見ていて苦しい場面があり何度も止めようかと思いましたが、今は最後まで見て良かったと思っています。家族が抱える苦悩が伝わってきて、何に対してか自分でもわからないのですが涙が止まりませんでした**」、「**自分がいかに障碍を甘く見て (中略) 障碍の重さを実感できていなかったかを、とても思い知らされた**」というような、障碍の痛みをくっきりと感じとる体験でもありました。

しかし、それですっきりとわかったというより、多くの学生はむしろ、学ぶほどにどうしたらいいかわからなくなるという体験をしていきました。「**障害の症状や障害を持つ人たちの気持ちや考えを、知れば知るほど、考えれば考えるほど、本当に分からなくて難しくて怖くて、実際に、当事者の人たちとどういう気持ちでどういう態度でどう接するのかが正解なのかがはっきりわからない。**」

多くの学生は、自分の考え方やかかわり方が「正解」なのかどうかをひどく気にしました。そこには、学ぶことで「正解」を得られるという、学ぶことをゴールと捉える見方があるように思います。障碍特性を知りかかわり方のスキルを習得することで「正しく」かかわることができるようになる、というものです。しかし、私の授業でそうした「正解」は与えられず、むしろ絶対解がないということが明確化していきます。

「正解」が見出せない中で身動きがとれなくなってしまう体験も多く寄せられました。「**身体が不自由で困っている人を見かけたら、『助けたい』と感じるのは偽善なのか (中略) 一方、身体に障害を持つ人と接する時に迷惑をかけることが心配で話をしようとしないのも失礼に当たってしまうとも分かっている。それでも、接したときに相手が不快に感じるような発言をしてしまうのではないかという怖さも大きく、とても難しく感じる。**」

学生の声からは、「正解」の対応ができずに失敗してしまうこと、失礼なことや迷惑なことをして不快感を示されることや偽善的に振る舞って目立つことへの恐れが感じられました。失敗してしまわないよう学生たちは配慮をめぐらしますが、「正解」がわからない以上行動に移すことができず、頭の中のたくさんの配慮は外側からは見えません。ここでの配慮とはその実、自分のためのものであって、これは自分中心にとらわれていた青年期の私自身の姿と重なります。ただ、私が青年期であった頃よりも、「正解」でないこと、枠からはみ出すことへの恐怖は現代の学生において格段に強まっているように感じます。

学ぶことはゴールではなく、スタートでありプロセスです。学んで、かかわってみて、あれこれと感じ考えて、またかかわって、少しずつわかってきて……、「**ひとりひとりについて『この人はどんな人なのか』と向き合う**」ことで少しずつ進んでいくものです。「**自分からアクションを何も起こさないのも事態の停滞を生む**」のであって、障碍をもつ人とかかわるためには行動を起こすことも必要です。「**積極性を持って我が身を投じ、目・手・耳等様々な箇所で実践的に障害者を知り、障害者たちにも我々を理解してもらうという取り組み（中略）やりたいという思いがものすごく強い**」、「**関わり方がわからないと言って距離をおくより、素直に尋ねて関わり方を探していく方が圧倒的に良い**」と、何人かの学生は、一歩を踏み出してみたいと記してくれました。ある学生は、障碍をもつ知人に「**どのように接すればいいか**」と思いきって尋ねてみたそうです。「**その人は『そんなに身構えなくて大丈夫だよ、（中略）考えてくれてありがとう』と言ってくれ**」、「**私が思っているより、ずっと気楽に接していいのかな**」、「**偽善でもいいじゃないかという考えをもった**」とのことでした。偽善的と見られることへの恐れから、偽善でもいいじゃないかとアクションを起こす――このようにこころとからだが動き出した瞬間、〝障碍をもつ人＝与えられる人、障碍をもたない学生＝与える人〟という既存の位相は逆転し、学生は、障碍をもつ人から、枠からはみ出す恐怖を乗り越え主体的に一歩を踏み出す力を与えられたのだと思います。

●自分の限界のもどかしさ、そして共に学ぶこと

学びの途上にある学生たちは、こころを動かされ、頭が活性化していくほどに、それを概念や学識に結びつけることに限界を感じていきました。「**相模原事件の犯人の言葉にはもちろん同意できないが、その言葉に反論できる知識や根拠が思いつかず、自分が情けなく思った。（中略）自分の意見が表面的なものとしか思えず、言葉に詰まる。**」「**最近たくさん感じるものや考えるものや心にできた気持ちなどがあるがそれを言葉にするのが難しく、自分のボキャブラリーの少なさが悔しく思う。**」

限界を感じることはもどかしいことです。私が学生の頃、この悔しさこそ財産だと先生に教えられました。わからなくて、表現しきれなくて、悔しいからこそ、人は今の自分を超えようともがくのであり、それが主体的な学びの原動

力となるのです。次の学生は、あるドキュメンタリー（『NHKスペシャル〝ともに、生きる〟障害者殺傷事件2年の記録』2018年）で紹介されていた、事件の加害者に接見して手紙を書き続けた社会学者の最首悟さんの「わからないから、わかりたい」ということばに強いインパクトを受けています。「**様々な考えが頭の中をぐるぐるして、お風呂に入っているときや寝る前など（障害について）沢山のことを考えた。（中略）それらの考え事に結論や答えを見つけることはできなかったし、これからも絶対的な結論・答えを見つけることはないと思うけれど（中略）最首悟さんの『わからないから、わかりたい』という言葉がとても胸に響いた。（中略）そういうことか！と何だかハッとさせられた気がする。**」また、別の学生は、「**わからなさを受け入れず否定すると、『自分は彼ら（障害をもつ人）とは違う』という考えに至るが、わからなさを『わからないもの』として受け入れると、彼らを下に見るようなことは起こらないのではないか**」と、わからなさを受け入れることの意味について考察しています。わからないからわかろうとしていくという営みがきわめて重要である一方、いくらそのように努めても他者とはわからなさが必ずある存在であると踏まえること、つまり他者への敬意をもってわからなさを抱え続けることも大切です。

最後に、自らの考えは自分の力で獲得していくものですが、それは自分の殻に閉じこもって行うのではなく、障碍をもつ人と、友と、教師と、対話に開かれながら確立していくものです。私と学生とのやりとりを皆で共有することは、オンライン授業であっても対話の雰囲気を多少なりと作り出したように感じられました（否、むしろ、突如オンラインとなった状況下だったからこそ、学生も私も対話のつながりをいつも以上に求めていたのかもしれません）。最終課題である、障碍者殺傷事件の加害者の「生産性のない障碍者は社会に不要」という意見に同調する架空の友への手紙に、ある学生は次のようにあたたかく開かれたことばを記しました。「**君も私も障害者問題に関しては身近ではないし（中略）知らなくて当然だとは思う。ただ、そのうえで私が言いたいのは、『君は〝知らない〟ということを自覚していない』っていうことだ。（中略）障害者の人権を踏まえていない時点で、彼（事件の加害者）は支援者・当事者側ではなく、私たちと同じく『無知』である内の一人に過ぎない。障害者を平等に『心を持つ人』として認識し本来の関わり方をすれば、障害者の『生産性』を見出すことができたのではないか。君の発言についても、わかったつもりで人の価値を判断してし**

まうのはとても危険だし、本当に障害者問題について理解していれば『非生産的で、不要だ』なんて短絡的な言葉には同調できないと思う。人の命・価値観に関わる問題だから、文章にするには本当に難しい。だからシンプルにいえば、『もっとたくさん、一緒に学んでいかないか』ということなんだ。」

まとめ

私の教育実践は始まったばかりで、まだ手探りのさなかです。この手探りであるというところに、主体的な思考を育む教育的環境のエッセンスがあるのだと感じます。思えば田中先生は、常に自身の実践をひたむきに省察し、その時点で先生が見出したホヤホヤの知を私たちに示してくれました。比嘉（2011）は、「常に新たな『問い』へと自身を開き続ける」教育者への「感化」が、教育を受ける者に「状況への主体的なかかわりに向けた回路を準備する」、つまり、「ひとつの理想的な生き方の像を結ばせるメディアとなる可能性」があると指摘しています。教育者自身が、テーマに絶えず向き合い、新しい気づきに開かれながら「自分の中の判断基準」を更新していこうとする、その教育者の主体的な姿が、教育を受ける者が主体的に思考するための媒体となるのではないかと思います。まさに、「学ぶとは他者のあこがれにあこがれること」（齋藤、1997）であるということです。

そして、主体的な思考には、主体的に考えることをよしとし、見守り、受けとめる環境が必要です。あなた自身から発せられることばを大切にしてほしい、それを聞かせてほしいと揺るぎなく願う他者に支えられることによって、人は主体的に考えはじめることができるのではないかと思うのです。これも「語義矛盾」（比嘉、2011）であるかというと、そうではなくて、主体性とはその初源に他者の存在が必要であるという、主体性というもののはらむ面白さであろうと思います。他者が面と向かってその人の手をぐいぐいひっぱっても主体性は育たないけれど、他者がその人の横に立ち並び、その人の思いの方向に注力しながら支えるようなかかわりはむしろ主体性が育つのになくてはならないということです。

開かれた主体者であり続けることも、主体性を支え続けることも、途方もなくエネルギーを要することであり、どこまでできるのかと教育実践のスタートラインで早くも怖じ気づいていますが、学生の主体的な姿が私にエネルギーを供給してくれるのでしょう。

〔**付記**〕

文章の掲載を了解してくれた東海大学文化社会学部心理・社会学科の「障害者・障害児心理学」履修生の皆様に感謝します。

〔**文献**〕

比嘉康則「『境界線に向き合う力』としての『教養』―コリア国際学園における教養・Liberal Arts 科の実践」『大阪大学教育学年報』16 号、115-132 頁、2011 年

齋藤孝『教師＝身体という技術―構え・感知力・技化』世織書房、1997 年

鈴木宏昭・鈴木聡「レポートライティングの問題設定における直感と感情」（日本認知科学会学習と対話研究分科会）『学習と対話』3-12 頁、2010 年

田中千穂子『心理臨床への手引き―初心者の問いに答える』東京大学出版会、2002 年

プレイセラピーでは何をしているのか？

梅垣沙織

はじめに

プレイセラピーに魅せられて、気が付けば10年と少し経ちました。その子を理解したいという素朴で熱い思いをもって、必死に目の前のその子を見つめると、その子の課題やその子自身が、何てことはない遊びを通して見えてくることに、そして、その場の関係性を軸にした関わりを通してその子なりに育っていく様に触れ、「プレイセラピーって面白い」という思いを深めてきました。その一方で、遊びを通して行われる心理療法の本質を言葉で捉えることがとても難しく、ゆえに、その効果を感じつつも、自分がしていることに対してどこか漠然とした感じがぬぐい切れず、折に触れて「私は何をしているの？」と悩みながら歩んできました。駆け出しから抜け出せたかどうかくらいの私ですが、これまで出会ってきた子どもたちとの関わりや私自身の悩みを手掛かりに、プレイセラピーで行われていることについて、拙いながらも言葉にしてみたいと思います。なお、以下で示すケースについては、名前や内容を一部変更しています。

素朴に読み取り、直感で関わる

駆け出しの頃、プレイセラピーでの関わりについて、仲間たちから「なぜそうした方がよいと思ったの？」と聞かれることがありました。私の答えはいつも「何となく」。それ以上の言葉が見つかりませんでした。では、それをどのように行ってきたのでしょうか。私のイニシャルケースを例に見てみたいと思います。

３歳になったばかりのゆうちゃんは、保育園でもお家でもわがままを言わない、手のかからない子でした。それが、ある日突然、吃音や蕁麻疹が出たため医療機関を受診し、そこから相談室にやってきました。

インテークの母子同室面接では、田中先生がお母さん担当、私が彼の担当になりました。何をどう見たらよいかという明確なものはなく、とにかく彼のことを理解したいという強い思いだけを持って、必死に、全力で、目の前の彼を見つめていました。すると、不思議なことに、何だか気になるポイントが浮かび上がってきました。それは、からだの動きや息遣いがぎこちないこと、かたい表情のまま奇妙なほどに甲高い声で笑うことでした。インテーク後、そのことを田中先生に報告しました。見立ては、言葉が達者な一方でからだのバランスが極度に悪い、気持ちとその表現がちぐはぐ、極度に緊張する一方で大丈夫と思えると安心しきってしまうというように、全体的なバランスの悪さが顕著であり、どう自分を出したりひいたりしたらよいかという人との関係も、自分のからだとの関係もうまくできていない、というものでした。

この見立てを通して、からだの動きや息遣いの違和感は「からだを見る」視点になりました。また、はじめ固まっていたのが帰る頃には私にべったりになっていたことについて、その時は「かわいいなぁ」と思うくらいでしたが、〝人との関わり〟として捉える重要性や〝バランス〟で見ていく視点を学びました。

その視点を持って次のセッションへ臨みました。以下はその一部です。括弧はその時や後から感じたり考えたりしたことです。

ゆうちゃんは、プレイルームに入るなり、一目散にプラレールを取りに行きました（すでに慣れた場のような感じ）。彼の指示のもと一緒にレールをつなげると、そこに箱庭の砂を敷き詰めていきます。砂を握りしめてフラフラしながら何度も砂を運びます（からだのバランスの悪さを改めて感じます）。「これで全部石になったね」と満足そうに私の顔を見て笑います（実際の線路をよく見ているのだなと感心。ただ、遊びの中でも忠実さを求める彼のかたさみたいなものを感じます)。〈ほんとだね〉と私も笑います。駅の前に新幹線を置くと、「1番しぇんに、こーえん行き、電車がまいります。ご注意くだしゃい」と、かたく真面目な表情で、キビキビとした口調で繰り返しつぶやきます(幼いしゃべり方と神妙な面持ちがちぐはぐだけれど、何だかかわいらしいなぁとも感じます)。いざ電車の電源を入れて走らせようとしますが、砂が邪魔をしてうまく走りません(見ていて何とも苦しく切ない気持ちに。「僕ね、なんだか色々とスムーズにいかないんだ」と教えてくれたように感じます)。私はその様子をじっと見つめながら、〈うーん……何だかうまくいかないね〉とつぶやきます(あなたのメッセージは受け取ったよと伝えたかったのかもしれません)。すると、真顔で、電源を入れたまま、手で押して無理やり走らせていきます(無理やりにしか動けない彼自身を見ているようでやはり苦しさを感じるものの、バランスやコントロールが悪いながらも動こうとしている彼の姿と底力を見せてくれている気がしました)。〈お……ゆっくり……進みます〉と返します(一緒に進んでいきたいという思いからの言葉のような気もします)。

このように、あらゆるアンテナを必死に立て、その子の行動や表現を素朴に見つめることで、例えばからだの使い方のように明らかな違和感として捉えられるものもあれば、スムーズに動けない彼自身のように〝そんな感じがする〟と何となく感じられるものもありました。それらが正しいかどうかはわからないながら、そういった考えや思いから、こうしたい、これはしない方がよい気がする、などとさらに様々浮かんできて、それを手掛かりに動いていくことになります。ただし、遊びの流れの中では、立ち止まって整理をする間もなく動くことになるので、その動き方を「何となく」以外の言葉で表すならば、「直感」という言葉がもっとも近いように感じます。そうやって、素朴に読み取り、直感で動き、その反応をさらに読み取り……と、ケース中ずっと、頭とこころをフル回転させていました。

ケースが終わると、一人で考えるのはもちろんですが、「こんなことがあって!」と大学院の仲間や職場の先輩に話をよく聞いてもらっていました。そうやって、今さっき起きていたこと、そこでの思いや考えを、必死に言葉に置き換えて整理しようとしていたのかもしれません。そして、スーパーバイズ(以下SV)で、それらが的外れではなかったか、もっとどういうところを見たらよかったのか、どう対応したらよかったのかなどを学び、体験を知識へと押し広げてもらっていました。その繰り返しの中で、そういった知識が目の前の子どもと重なることが出てきて、「こういうことか！」とより実感を伴った知識となり、何となく見つめていたものや直感で反応していたことが、知識に裏付けられた視点や対応として積み上がっていったように思います。

少し経験を重ねた今も、素朴に読み取り、直感で関わるという流れは、あまり変わりありません。しかし、当時と比べると、アンテナを自然と精査し、その精度を高めて子どもの表現を拾えるようになってきた気がします。対応についても、積み上げられた知識や、まだ知識にもなっていない感覚に裏打ちされた、ちょっとだけ確信のある直感での動きへと質が変わってきたような気がします。駆け出しの頃、訳がわからないながらも必死にもがいていたからこそ、今があるのだろうと強く感じます。今の私がこれまでの自分に支えられているように、さらなる成長を目指し、今、目の前にいる子どもたちをしっかりと見つめ、丁寧に向き合っていきたいと思っています。

その子全体のバランスを捉えて関わる

博士課程に上がるのと同時に、私は地域の教育相談室で仕事を始めました。教育相談室から派遣され、小学校でスクールカウンセラー（以下SC）としても勤務することになりました。大学院の相談室や教育相談室では、様々な子どもたちとのプレイセラピーに没頭し、少しずつ手応えを感じられるケースも経験するようになりました。当初はプレイルームの中でのどんなに小さな変化でも感動しまくっていた私ですが、徐々に、現実生活で大きな変化が見られないように感じるケースに焦りやもどかしさを感じるようになっていきました。そんな頃、自分の関わりについて大きく悩むという経験をしました。そのきっかけのひとつでもある、はるちゃんの事例を振り返ります。

年長さんのはるちゃんは、集団生活やお友達との関わりでの難しさがある女の子でした。プレイセラピーで行われるごっこ遊びでは、イメージは豊かなのですが、役もストーリーもあっちこっちに飛んで、彼女の世界を追うのはとても大変でした。彼女の中のつながりが相手にはうまく伝わらず、それが様々な難しさにもつながっているだろうし、彼女ももどかしさを抱えているかもしれないと感じました。一方、彼女との遊びは、彼女自身の素直さとユーモアもあってか、つかめなさささえ何だかほっこりとして、何とも言えない魅力がありました。まずは、そこを彼女としっかり共有したいと思いました。そして、彼女の素直さや豊かさを大切にしながら、もう少し滑らかに人とつながれるといいなと思い、そこを意識しながら関わりました。その後、就学を迎える頃には、本人の中でのつながりがだいぶ見えやすくなってきて、人との関わりも以前に比べれば滑らかになりました。

就学後のフォローでしばらくぶりに来所した彼女は、絵を描きながら学校での出来事を話してくれました。驚いたことに、話は相変わらず飛んでしまうのですが、その絵を手掛かりに必ず元のテーマに戻れるのです。以前はどこか自信なさげだった彼女が、活き活きと説明してくれます。後になって、その絵を描きながら話をするというのは、通級指導で身につけたスキルだとわかりました。

その頃の私は、SC業務にも慣れてきて、学校という子どもたちの生活の場を強く意識するようになっていました。また、巡回相談などでお会いする多職種の先生方の高い専門性に基づいた見立てと具体的で明確な対応を前に、自分自身の専門性に対し悩みが生まれていました。そんな時に、はるちゃんの大きな成長を目の当たりにしたのです。「私は何をやっていたのだろう。もう少し具体的な関わりをしていたら、彼女はより楽に就学を迎えられたのではないか」という思いと共に、「具体的で焦点づいた手法の方が力を伸ばせるのではないか」という焦りや迷いに襲われました。

その子らしく生きていかれるように何ができるかを考えることはセラピストとして当然のことだと思います。また、SVを経て焦点づいた関わりを遊びの流れの中に取り入れたことで大きく変化したケースもあり、そういった具体的なスキルも大切だと感じます。しかし、当時の私は、「スキル＝効果がある」と短絡的に捉え、いくつかのケースで、今思えば形だけ取り入れて、うまくいかずに悶々としていました。

改めて考えると、プレイセラピーの手応えに心を奪われて、知らず知らずのうちに、もっとできるように、できるだけはやくといった上向きの変化や、プレイルームと生活との間に線を引いて、生活での適応にばかり意識が向きやすくなっていました。ある一面に注目し、〝全体のバランスを捉えた上でその子にとってどうか〟という視点が弱くなっていたのだと思います。はるちゃんのケースは、通級指導で伸びた点にばかり注目して、私の中ではもどかしいケースとしてこころに残っていました。しかし、今振り返ると、私なりに必死に彼女の全体を捉え、様々に関わろうとしていたように思いますし、彼女のペースで、確かに、育っていたとわかります。

その子の全体のバランスを捉えた上で、遊びの流れの中で関わりの切り口や角度を柔軟に変えながら、まるごとのその子に働きかけていけるのがプレイセラピーだと思います。スキルについては、集中的にどこかを引き上げるというよりも、必要な時に自然な形で柔軟に取り入れることで全体的なバランスを下支えしていけるよう、その本質を学んでいきたいと考えています。

育ちを信じて、その子なりの育ちを支える

その子の個性の強さや背景の複雑さから、大きくは変わらないように思えたり、行きつ戻りつしたりするケースもあります。しかし、当然のことですが、どんな子どもも育ちゆく存在です。なっちゃんの事例から、そのことを考えてみたいと思います。

小６のなっちゃんは、クラスの子から様々な嫌がらせを受けてしんどい思いをしていました。一方で、彼女の言動がクラスの子を嫌な気持ちにさせているところもあったようです。

彼女は「１人が好き」と言いながら、私とのプレイセラピーを楽しみにやってきました。本人の言葉とは裏腹に、遊ぶおもちゃは関わりが必要なものばかりでした。

彼女の持ち味が強く出るのはゲームの時でした。自分が優勢なときはご機嫌ですが、不利になると途端に表情は暗くなり、「はぁ〜」と驚くほど大きなため息をつくのです。「やらなければよかった」「やめましょう」とゲームをぐちゃぐちゃにしたり、泣きながら放棄したりすることもありました。当初は彼女の申し出を基本的に受け入れていましたが、関係が築けてきた頃から〈先生は

続けたいけど……仕方ないかぁ〉などと私の思いは伝えつつ、最終的には私がひいていました。そんなある日、いつもの中断の申し出に、〈先生は続けたい〉とまっすぐ伝えました。彼女は固まり、そして怒り出しましたが、私もひかず、まるで子ども同士の喧嘩になりました。その中で、私は、今起きているやりとりを言葉で丁寧に伝えました。すると「でも、勝ち負けは嫌いなの。楽しく遊びたかったの、せっかくの時間なのに」と泣き出しました。私も楽しみにしていることを伝えると、「時々ね、寂しいって思うの。2週間がすぐのときもあれば、すごく長いときもあるの。いつもじゃないけど」と語りました。その次の回から、クイズを出しあったり、幼い子どものようにバランスボールでじゃれたりする時期が続きました。そうやって、勝負から離れて楽しく遊ぶ体験を積み上げていきました。

中学生になりゲームが再開されました。喧嘩は度々起こりましたが、「イライラするなー」と泣かずに言葉で表現することもできるようになっていきました。ある時、思い通りにならず不機嫌になり「私、感情の起伏が激しいタイプだと思う？」「でも直したくない！」と語りました。私は、楽しくゲームで遊んでいたのが急に怒り出されると正直困る時があること、ただし怒ること自体は悪くはないと思うこと、〝直す〟ではなく切り替えられるようになると良いと思うことを、正直に、ひとつひとつ伝えました。沈黙の後、立ち上がりトランプを取りに行く彼女に〈切り替えようとしてすごい〉と伝えると、「私もそう思うのよ」と真面目な顔で話しました。

それから少しすると、喧嘩がなくても「私と遊んでいて言葉がきついって感じたことある？」と自ら質問をしたり、「先生はそう思うかもしれないけど、私はこう思うの」と私の考えもそれとして受け取ってくれたりするようになりました。

学年が上がってしばらくぶりの喧嘩では、やや不機嫌ながら「負けたかもと思うと何だかやめたくなるの」と話してくれました。切り替えがうまくなっていること、泣かなくなったことを伝えると、「私、そうだったの？」と笑うのでした。

当初、なっちゃんについて、自閉スペクトラム症（以下 ASD）という枠組みで見たらとても捉えやすい子だと思いました。しかし、徐々に、そういった傾向はそれとして、素直で自分の気持ちに正直すぎる子だと捉えるようになっていきました。彼女の人との関わり方は、やりとりで生じる自分の情動に振り回されて一方的な関わりになり、そこでこじれると、一方的にプツリと関係を切ってすごい勢いで引き上げてしまう、というものでした。彼女の「直したくない！」との叫びは、「私は私なのにどうして社会の側に合わせなくちゃいけないの？」という意味に聞こえました。彼女を知っていくほどに、彼女らしさも大切にしてほしいという思いも私の中で強まっていきました。だからこそ、〝直す〟ではなく、彼女が関わりたい人、関わらなければならない人とは、ひとまず向き合えるくらいに、自分の情動を調整できるようになれるとよいだろうと考えました。私が意識したことは、彼女にわかりやすい形でしっかり丁寧に向き合うことでした。１対１というシンプルな関係性だからこそ、そこでのやりとりの流れ、私はどう考え感じるのかなどを言葉にして伝えることができます。彼女の関わり方では、同世代とはぶつかるだけで関係が切れてしまうことが多いでしょうし、大人相手では真正面からぶつかることもないでしょう。安全に着地できるだろうかという怖さはありましたが、私は、腹を括って、大人としてきちんと彼女と向き合い、子どものようにしっかり喧嘩をしました。冷静に説明をして、嫌なものは嫌だと正面からぶつかり、そしてその都度仲直りをしました。

なぜ喧嘩ができたのでしょうか。当初は、彼女のあまりの一方的さと激しい感情の波に、途方に暮れることが多くありました。しかし、経過の通り、彼女は一貫して私と関わろうとしていました。私自身も、恐る恐るでも彼女と正面から向き合っていきたいと思っていましたし、それが必要だとも感じていました。はじめて喧嘩ができたのは、育ってきた関係性が支えになっていた自覚はありましたが、改めて考えてみると、関係性の育ちと共に、非常に感覚的なものですが、一方的な関わりの中にも、関わりたいという思いをベースにした彼女なりのかすかな育ちを感じ、その育ってゆく力を純粋に信じるようになっていたことが大きいように思います。そういう思いを持ってやりとりを続けた中で、喧嘩での反応の変化に加え、彼女なりに自分自身をつかんでいき、自分とは違う人の気持ちや考えをそのまま受け入れることは難しいけれども、それはそれとして受け取れるようになり、情動に激しく振り回されることは少なくなっていきました。それは、私が想像していた以上の育ちの幅でした。

明らかに捉えやすい傾向や複雑な背景などを前にした時、それはそれとして、その子の中のどんなに小さな思いや力も丁寧にすくい上げ、その育ちを信じた上で、その子なりの育ちとはどういうものか、それをどう支えていけるのかということを考えていくことが大切だと感じています。

その子にとっての意味にこころを向ける

ASDと診断されている中2のあきちゃん。「しんどい話はしたくない」と断言し、時間いっぱい、何てことはないおしゃべりをしながら、お絵描きをします。ほんわかあたたかで穏やかな時間です。彼女とは、調子を崩していた小6のときに出会いましたが、本人の状態も学校生活も落ち着いているように見える今の方が、来所意欲が高く、プレイセラピーを「癒し」と呼んで、電車やバスを乗り継いで1時間かけてやって来るのでした。

プレイセラピーは心理療法ですが、遊びが中心にくるため、セラピーの部分がぼんやりしてしまうこともあるように思います。動きや表現が激しかったり、変化が大きいプレイがある一方で、凪のような静かなプレイもあります。そういうケースでは、ふと気を抜くと、遊びが持つ力やその子との関係性に甘えてしまい、〝ただ遊んでいるだけ〟の状態になりそうなことがあります。

あきちゃんは、「みんなが興味を持つことには全然興味がないんですよねー」と笑いながら、特に興味がある訳ではないというファイルに描かれているキャラクターを描き写したり、友達の似顔絵を描いたりしながら、学校での出来事や友達が好きな漫画のことなどを教えてくれます。「周りとはちょっと違うところがあるのかもしれない」をテーマに取り組みはじめたのか？　安定しているようで実際はしんどさが増しているのだろうか？　癒しやおしゃべりの意味は？　早わかりしてしまわずに、頭とこころをフル回転させながら、楽しくおしゃべりをします。

先に示したゆうちゃんは、一時期は面接日を忘れるくらいになり、終結の話も出るほどでした。しかし、様々な事情が重なり、私が大学院を出るにあたり引き継ぐことになりました。本人の意向を確認した際、ゆうちゃんにとって「ここ」はどんなところかを尋ねると、「天国！」と満面の笑みで答え、継続を切望しました。まだ幼い彼が、どれだけのことを抱え、懸命に日々を過ごしているのだろうかと、胸がつまる思いがしました。
　多くの子どもたちが、プレイセラピーでの遊びを楽しみにやってきます。彼らがやってくるのは心理療法の場であるということ、そこに「楽しみに」やってくることの意味を、考え続けたいと思っています。

おわりに

　以前は、明確な何かを求めて、プレイセラピーの「特別」なところを一生懸命探していました。しかし、わが子が生まれ、朝から晩まで全力で遊んでいる姿を見ると、まさに「遊ぶことは生きること」だなと強く感じます。私や夫を中心に、様々な人たちとの関係性を軸に、少しずつこころが育まれていく様子を見ていると、プレイセラピーで行われていることと「なーんだ、一緒じゃないか」と思い、ちょっとがっかりして、でも、何だかホッとします。プレイセラピーとは、育ちの過程にしっかりとこころを向けていくことであり、それはとても素朴だけれど、大切なことなのだと、確信が持てるのです。
　一方で、わが子と今日はしっかり遊ぶぞと思っても、10分もすれば「今日の夕飯どうしよう」「洗濯物たたまないと」と雑念が浮かんできます。それが生活というものなのだと思います。そう考えると、自分のためのセラピストが、自分のためだけに、時間と場を確保し、熱心に見守られて、自由に全力で遊ぶというのは、やはり「特別」なことなのだとも思います。
　私の大切なイニシャルケース。3歳の小さな小さな男の子が、毎週、必死に、相談室へやってきました。満面の笑みで、私の名前を大きな大きな声で叫びながら。あの頃を振り返っては、かわいかったなぁという思いと共に、どう言葉にしたらよいのかわからないほどに胸が締め付けられます。そのどちらの思いも、いつまでもありありと感じられる私でありたいと思っています。

こころをつかって向き合うとは
──箱庭ケースを通して

葉山美織

はじめに

私が箱庭に初めて触れたのは、大学院の授業でした。田中先生やゼミの先輩方に温かく見守られて、こころの感じるままに自分で置いてみた箱庭は、修士論文で行き詰まった私のこころの内をさらけ出した作品となり、ジーンと涙がこみ上げたことを今でも覚えています。箱庭のアイテムや配置の解釈なども大事ですが、何よりも感じていることを素直に出せる雰囲気、出したものを無条件に受けとめてもらえる心地良さや、吐き出したものが昇華する不思議な体験をし、箱庭の偉大さを率直に実感した貴重な経験でした。

その後療育センターに就職し、発達検査の実施が主な業務となり、箱庭療法を本格的に行う機会はありませんでしたが、中学生女児Ａさんの心理療法をするにあたって実施した風景構成法を見て、箱庭をしたらよいのではないかと思いました。風景構成法の絵の中に漢方の店や桃・りんごがたくさん実った木を書いており、自己治癒力が高く、今まさにその手助けを外部に求めているのではないかと感じたからでした。

心理療法をする際には、生育歴や発達検査結果、適応状態や今本人が困っていることを丁寧に読み解き、本人に合わせたテーマを決めることにしています。彼女へのテーマは「どんな時でも味方になる」でした。人との距離感がうまくつかめなかったり、クラスに居場所がなく登校渋りなどがあったため、心理療法を開始しました。彼女の母親は自身が不登校で大変な思いをしたため、娘にはきちんとしてほしいという思いが強く、娘を甘やかしたり褒めたりできない関係性でした。
私は彼女の発言や考えを肯定的に受けとめ、頑張っていることなどを改めて言葉にして労い、承認欲求が満たされたり、自己肯定感が高められるような関わりをこころがけました。そして、彼女が置く箱庭とありのままの彼女を温かく見守り、いつも味方であるようこころがけました。箱庭療法初心者の私は、箱庭の感想などをその場でうまく伝えることができませんでしたが、彼女が率直に表す怒りや不安などの負の感情をその場で共に踏ん張って受けとめ、私自身に沸き起こる感情やこころの動きになるべく敏感であるよう努めました。そして、彼女のしんどさ・生きにくさをなるべく共感しようと努めるのと同時に、自分とは違う彼女を正しく理解することの難しさや自分の無力さを忘れないように気をつけました。彼女の箱庭に立ち会える貴重な時間をこころから噛みしめ、その記録を後から時間をかけて見直すことで、少しでも深く彼女に向き合い、理解しようとこころがけました。初心者の頼りない私でしたが、定期的に箱庭を作り、その作品に驚嘆したり、共にこころの奥底から味わう体験を積み重ねていくことで、彼女の自己治癒力が高まり、さらに現実を整理し対処する力が伸びていきました。
これまでの箱庭作品を振り返ることで、彼女と私の間にどのような気持ちが沸き起こっていたのか、私はどのような雰囲気で見守っていたのか、改めて考えてみたいと思います。そうすることで、箱庭を通してどのような変化が起こり、彼女の自己理解が深まっていったのかが明らかになるのではないかと思われるからです。

人との関係性の模索——1回目〜3回目

民家や動物が向き合う森を作り、自分の居場所を模索している印象でした。色々な種類の動物を直感的に置き、たくさんいると安心できるような、人にかまってほしいような気持ちが伝わってきました。動物達はお互いに睨み合って円をなしており、常に距離感を計ろうと緊張した様子も伝わってきました。人との仲を深めたいけれども、距離感がつかめず、失敗体験になりがちで、何事も「面倒くさい」と言う彼女の傷つきが伝わってきました。学校行事も食事も呼吸でさえも「面倒くさい」の一言で片付けようとしますが、詳しく聴いていくと、それぞれに彼女なりの理由や感じ方がありました。漠然とした気持ちに言葉を当てはめたり、細かく分けたり、一緒に整理しました。彼女の性格や発達特性の凸凹を理解しながら、具体的に共感できる所は共感し、違う感じ方もあれば紹介しました。また、彼女の頑張っている所を具体的に褒め、肯定的な返しをこころがけました。彼女の苦悩にしっかりと向き合い、彼女の気持ちをないがしろにせず、一緒に悩む存在でありたいと思いました。また、水色のおはじきを敷き詰めて池や川も作りました。その青色はとてもきれいに私には映りました。こころの拠り所を探し求め、それを自分の力で作り出そうとしている彼女の自己治癒力を感じ、期待感を抱きました。彼女の本来持っている力や箱庭で湧き出でようとしている力を信じて、温かく見守ろうと思いました。

傷つき体験の再現――4回目～7回目

兵士達が戦って死人が出たり、主人公（制服を着た女子中学生）が飛び降りたり、少年が子ども達にいじめられる様子が繰り返し表現されました。小学校でのいじめ体験や、現在の中学校への登校しづらさを箱庭で再現することで、傷つき体験を整理し何とか消化しようとする気持ちが伝わってきました。彼女は毎回短時間で箱庭を完成させており、色々なアイテムを思いつきでパッと置いているように見えました。しかし、彼女が帰った後に作品を振り返りながら一つ一つ片付けていくと、そのアイテムが棚の隅々から確かに選ばれて置かれていたことに気づかされました。その箱庭作品が確かな意味を持って完成したという必然性と、無意識の世界（意識にのぼっていることも含まれます）が如実に表されていることに改めて気づかされ、私は彼女が帰った後もその余韻に浸ることができました。また、いじめの様子をじっと眺める大人達も繰り返し表現され、「見て見ぬふりをしている」と語られました。傷つき体験を誰かと共有したり、慰めてもらう体験が少なかったのではないかと思い、今ここで一緒に受けとめ直せるよう、こころから共感し、「しんどかったね」と言葉をかけました。無関心・無援護でなく、無条件で味方となり、彼女をこころから心配する大人でありたいと思いました。戦い・自殺・いじめといった重いテーマが表現されていましたが、作品を作ってみて「楽しかった」と言うことも多く、辛い体験に蓋をして放置しておくのではなく、信頼できる相手と箱庭で再体験・

共有することの治療的意味を感じました。

水の登場と心的世界の投影――8回目〜11回目

８回目で初めて砂を掘って川を作りました。底から水色が浮かび上がってきた時、箱庭の底の色はこんなに澄んだ色だったのかと改めて感動しました。それ以降、池や川を作ることが続き、彼女も水を作り出すことの効果を感じているのではないかと思いました。砂を掘り下げて水を作り出すこと、柵で囲んだり仕切ること、砂の中に埋めること、砂の上に跡をつけることが行なわれるようになりました。改めて言葉で返しはしませんでしたが、その行動の意味の深さに毎回感動し、背後にある彼女の気持ちやその動きに思いを馳せようと努めました。死後の世界や、過去と現在の自分が対峙する様子が繰り返し表現されました。「柵は透明にしたかった」「マットをかぶせて暗くしたかった」と自分の思いと箱庭作品とのズレを語ることも出てきており、心的世界が箱庭に投影され、深まっていく様子を傍で実感することができました。

題名を付けた作品――12回目〜14回目

「森で無理心中」「死への興味」「4つの迷宮」と作品に彼女が自分で題名を付けるようになり、作品に表現されるストーリー性の高さに驚きを覚えました。13回目は中央に主人公と母親を背中合わせに置き、四隅に各年代の女性を外側向きに置き、辺り一面にビー玉・おはじき・小石を敷き詰めました。その構図の意味深さと、ビー玉などで浄化された静寂な世界観に感動し、私は率直な感想を伝えました。彼女自身も表現された作品に感銘を受けたのか、「箱庭していると昔言われたことなどを思い出す」と小学生の頃のエピソードが語られました。ビー玉の色に感情を当てはめて説明し、「昔感情を捨てたいと思った」「集めてるのか捨ててるのか」「死んだらどうなるのか知りたかった」とこころの奥底の気持ちが語られ、昔の葛藤や苦悩が言葉として吐き出され、少し整理・消化された気がしました。

現実世界との折り合い――15回目〜18回目

中３のクラス替えで仲良しの友達と別れてしまい、登校意欲が低下しました。他児とのトラブルもあり、象徴的なアイテムを用いた作品が作られ、箱庭の中で整理しようとする試みが見られました。私はそれをじっと見守り、彼女が自分で何とか乗り越えられるようこころの中で応援しようと思いました。毎回おはじきをたくさん撒き、浄化させようとしているようでした。また、川を掘って２つの世界を区切り、現実世界とこころの中の世界を分け、何とか自分なりに決着をつけようとする様子もうかがわれました。内的葛藤を箱庭に表現し、救いとなるようなアイテムで自分を守ったり敵を倒したりしながら、こころの安定を保とうとする彼女のたくましさと象徴能力の高さに感嘆しました。私はアイテムの意味やストーリーを自分なりに推測したり、「これってどういうことかな？」と率直に質問し、彼女の内的世界を理解しようと努めました。時には私なりの解釈も伝え、作品から彼女の頑張りとこころもとなさ・あやうさが伝わってくることを言葉で返しました。また、学校の先生と連携をとり、彼女のしんどさを共有したり、関わり方の具体的な助言をし、彼女が過ごしやすくなるよう現実生活の中で援護しました。

怒りの表現――19回目〜22回目

大勢の大人達が倒れ、赤いおはじきなどで血を連想させたり、布団をかぶせて埋葬されたり、薪で燃やされました。大人の人形は投げ入れられ、強い怒りが表現されました。教師への不信感が増大すると、怒りのエネルギーは更に大きくなり、棚中の全ての人形を勢いよく投げ入れ、あっという間に死体の山ができました。しかし、後から棚中の仏像なども置き、怒りを納めて何とか適応しようと救いを求めている気持ちも伝わってきました。荒々しい灼熱の怒りのエネルギーと、救いを求める静寂とした刹那を織り交ぜた作品に圧倒されました。私は彼女の言い分を丁寧に聴き、彼女の怒りはもっともだと共感しました。敵（＝教師）味方の構図を深めることは現実適応を阻害するかもしれませんが、まずは彼女の味方となり、彼女の言い分を十分に受けとめることを優先させました。箱庭の中で十分に怒り・攻撃性が表現され、味方となる大人の存在を感じることで、何とか怒りをコントロールし、大人を許そうとする気持ちも生じてきたようでした。また、箱庭のふちの上に人形を置き、作品を俯瞰させることもありました。箱庭に彼女なりの視点を加えることで、過去の体験や現在のこころの葛藤を整理し、納得して消化しようとしているのだと感じられました。

ストーリー展開とコントロール――23回目〜26回目

何回か作品の中で怒りをぶちまけ、仏像やおはじきなどのアイテムで浄化させると、溜め込んでいた攻撃性をある程度は発散・整理できたのか、23回目はガラッと変わって、静かでノスタルジーを感じさせる作品を作りました。四隅に家を置き、その傍に年代の異なる女性を置き、時間の流れを感じさせました。24回目は真ん中を柵で区切って２つの対称的な世界を作り、意識と無意識の世界を見事に表した作品となりました。同じような家具・人形を対称的に置く中で、中央に置いた２つの小瓶のうち、偶然にも１つの蓋が開くと、そこからどんどんイメージが広がっていき、「溜め込んでパンパン」な息苦しい現実世界と、瓶の蓋が開いて吐き出してもいい開放された別世界が表現されました。私はそのアイデアとストーリー展開にこころから感嘆し、率直に褒めました。これまでは箱庭作品と自分のこころとで行き来し整理していた葛藤を、１つの箱庭作品の中に同時に表し、しかも可動式の柵で区切ることで自由に行き来できるなんて本当に驚きでした。葛藤やしんどさを箱庭の中で区分けしたり整理することで、現実生活においても気持ちをコントロールしたり、何とか折り合いを付けようとする力が育まれ、現実適応する力が伸びたようでした。不登校状態は続きましたが、中学校の先生と高校受験のための面接や作文の練習を重ね、見事第１志望の高校に合格できました。

まとめ

こころをつかって向き合うとは、相手の言動に真摯に向き合い、誠実に対応することだと思います。いま目の前にいる相手のことを深く知ろうと頭を巡らせ、自分と相手との間にどのような気持ちのやりとりが生じているのかこころで感じとろうとし、時間とまごころを込めて丁寧に相手と向き合うことだと思います。相手に自分の考えを押し付けたり、自分のペースでコントロールしようとするのではなく、相手をそのまま受けとめ、その力や可能性を見出して見守りつつ、それと同時に、セラピストとしてできることを常に考えて自分がもがき続けることだと思います。自分の頭とこころをつかって丁寧に関わることはとても難しく、とても疲れることです。他のことに追われて時間的余裕がなかったり、私のセラピストとしての力量不足で、こころをつかって向き合えていないこともたくさんあります。ケースの中でどのようにこころをつかっていいのか、つかみとれていないことも多々あります。ただ、こころをつかって向き合うことの大切さを忘れずに、真摯に謙虚に向き合っていけるよう今後も精進したいと思っています。

この箱庭のケースでは、私は彼女の箱庭作品に毎回感嘆し、嘘のないこころからの感想を率直に伝え、彼女も思い浮かんだことを素直に語ってくれました。箱庭作品を介して、イメージを共有し、その瞬間瞬間に私の気持ちと彼女の気持ちが響き合うことで、よりイメージが深まり、箱庭作品も豊かになり、彼女の自己理解が深まっていった気がしています。

また、私はどんな時でも彼女の意見を尊重し、彼女の味方であるようこころがけました。ありのままの彼女をまるごと受けとめようとする姿勢や彼女を温かく見守るまなざしがじかに伝わり、彼女の安心や自信につながり、自己理解を深める手助けになったのではないかと思っています。自分の力や可能性を信じ、いつでも味方になってくれるセラピストの存在が、箱庭を介して、自分の内面世界と現実世界との折り合いをつけていく作業の手助けとなったのではないかと思います。

毎年秋の気配を感じると、秋に行っていた田中研合宿でのこころとからだのワークの思い出がふっと蘇ることがあります。十数年が経ち、教わった言葉や会話の内容は記憶から薄れてしまっても、あの場所で貴重な体験をしたという手応えが、今の私に確かにつながり、自信の一つになっています。彼女にとっての私との時間もいつかこころの拠り所となるような体験になってくれたらいいなと思っています。

さいごに、この箱庭の事例を記すことを了承してくださったAさんにこころからお礼を申し上げたいと思います。また、臨床経験も少なく未熟であるが故に執筆を躊躇していた私の背中を押してくださった石川道子先生、岩越美恵先生にもお礼申し上げます。患者さん親子に対する温かなまなざしと愛情の深さを尊敬し、私もそのような援助者でありたいと思っています。また、心理臨床に自信が持てない私をこれまで励まし、何か良いところを見つけて褒めてくださっていることは、私が心理士として頑張れている原動力となっています。これからも自分のペースで手さぐりではありますが、先生方や先輩方の背中を見ながら歩んでいきたいと思います。

学生相談カウンセラーの成長とは何か

中島正雄

はじめに

大学院生の時に、「事例を『書く』という体験―セラピストの中に引き起こされるもの」という論文に携わりました。それは田中研の先輩方へのインタヴューをもとに事例を書くという体験の意味について考える内容であり、先輩方が自分の体験を振り返りながら一つ一つ丁寧に言葉にしていくあり様に、私がその先に目指していきたいと思う成長の像を重ねて見ていたように思います。そして、その時にカウンセラーの成長というテーマを初めて意識したように思います。

大学院後、学生相談に携わりました。学生相談とは大学における相談支援活動のことであり、その活動は大学生との個人カウンセリングのほかに、アウトリーチ、教職員や保護者へのコンサルテーション、講義、教職員への研修、調査や研究、学内委員会への参加など多岐にわたります。この学生相談で接する大学生は、日々一生懸命に成長しようとしています。躓きがあっても、躓きを糧にして、ぐんぐんと成長していくような逞しい姿を見せてくれることもあります。そして、一生懸命に試行錯誤をする学生に関わるたびに私のほうが勇気づけられるような感じがしてきました。それは例えば、「自分も頑張っている。あなたも頑張って」とでもいうように、学生の成長を応援している私が、逆に学生から成長のエールを送られるような感覚でした。そのようなエールを感じて、カウンセラーとして成長して学生の役に立ちたいとは思うものの、何を目指して頑張るのか、言い換えれば学生相談カウンセラーの成長とは何かということがずっとこころに引っ掛かっています。その引っ掛かりは、学生相談カウンセラーの成長は何によってもたらされるものか、成長はカウンセラーひとりに委ねられるものか、というテーマにも広がってきました。そこで、ここでは学生相談カウンセラーの成長とは何か、学生相談カウンセラーの成長をもたらすものは何か、成長を輔けるものは何かという3つの問いを立てて、自分の体験も交えながら考えてみたいと思います。

学生相談カウンセラーの成長とは
――梅津八三の確定域

学生相談の先達である吉武清實先生（東北大学名誉教授）を通して、学生相談カウンセラーの成長イメージとして「確定域」（梅津、1979）という考えに出会いました。梅津は東京大学文学部心理学教授として教鞭をとりながら、盲聾二重障害のある子どもに長年向き合い実践を深めた方です。以下では梅津の心理学理論について、梅津の心理学的構成概念を読み解いた吉武（2016）も参考にしながら、学生相談カウンセラーの成長のイメージについて述べてみたいと思います。

まず、梅津（1979）は「確定域」について以下のように述べています。

> 「ある生体の移動可能な空間を（位相幾何学的に）想定し、その空間をある時点におけるその生体にとっての〝確定域〟と〝不確定域〟とに分けてみる。ここで〝確定域〟というのは、その生体の生命諸活動がそれぞれ発現、展開して滞り少なく自全態に終着する――すなわち革生的行動体制変換のつぎつぎにおこる――確率が比較的高い場所の集合をさすことにする。その反面、場所によっては、その方向への移動にいろいろな程度の拒否、逃避があらわれ、あるいは何かの圧力によって、その場所に移しおかれると、全生命活動の調整が著しく乱れ、救急的行動体制あるいは緩衝的行動体制への変換の確率が高くなるとき、そのような特性をもつ場所の集合を〝不確定域〟とよぶことになる。」（梅津、1979: 263）（下線は筆者によります）

最初に用語の説明をしますと、「自全態」とはある事柄を実現しようとして「首尾良く完了に至る」（吉武、2016）状態のことです。反対に、不全態とは完了に至らないでいる状態のことです。

次に、「革生的行動体制変換」とは「生命活動の危機的な状況、その阻害されている状況を、それを突き抜けて、新しい生命活動を切り開いていく」（梅津、1978b: 187）こととされます。そして、この革生的行動体制変換によって、同じ状況あるいは別の状況においても、躓きの少ない対応をすることができるような「土台」が作られることになります。

「調整」とは「変調をおこした部分系が、適度の活動に調子をもどすように、『全体の活動のありさま』をつぎつぎと変えていく可能性をもつ働き」（梅津、1987: 329）です。そして、調整の度合い（調整度）は高次のものから低次のものまであり、調整度の高い順に「革生」「緩衝」「救急」という大きく3種類を梅津は考えています。「革生」とは「さらに生命活動を革たにすること」（梅津、1978b: 180）であり、具体的として、それまでは棒を使わなかったチンパンジーが棒を使ってバナナを引き寄せる行動や子どもの遊び行動（中には革生ではない遊びもあるという注釈付き）などが挙げられています。「緩衝」とは「ある困難が起こりそうな時に、他の行動がそれに作用する」（梅津、1978a: 180）ものであり、例えば、強い緊張状態で爪かみをしたり、不安なことや気がかりなことを考えないようにゲームに夢中になったりすることなどが考えられます。「救急」とは「大きな混乱があって調整の仕方が荒っぽい、細かい調整ができない状態」（梅津、1978a: 180）であり、例えば、恐怖心や怒りの情動などから興奮した状態になることなどが挙げられます。

以上を踏まえると、確定域と不確定域について次のように言うことができます。確定域とはある瞬間にその人が首尾良く振る舞うことができる確率の高い場所の集合のことであり、不確定域とは、その行動を拒否したり、そこから逃避したり、他の行動をとったり、大きな混乱を呈するなど、ある瞬間に自分を十分に調整することができず、首尾よく振る舞うことができない確率の高い場所の集合のことです。具体例として、確定域の「自発的開拓」が見られないV3（ケース名）に対して、研究所内での常同的行動しか見られない時には歩行に誘い、「V3のあいている手は、その途中の建造物部分、家具、器具などを広くさわるようにしむける」（梅津、1979: 264）などの関わりによって、V3は研究所の建物内でのいくつかの空間の確定域の拡がりが明確に認められたことが示されています。そして、このV3の事例のように、その人が「首尾良く完了に至る」場所あるいは状況の集合である確定域が拡がっていくことが、私の考える「成長」のイメージに近いと思います。

私が学生相談に携わった当初は学生相談業務について右も左も分からない状況で、カウンセリング中にはオドオドビクビクしていたように思います。何かしらのメッセージを言葉にのせて学生にお返しするというよりも、ただひたすら学生の世界を理解させてもらおうとして頷いていた感じだったかもしれません。その後、スーパーヴィジョンや相談に来る学生に輔けてもらいながら、どのようなメッセージをどのように学生にお返ししていけば学生の役に立てるのかを教えてもらってきたように思います。それは見方を変えれば、カウンセリングをしていく時の「土台」としての足場が作られる感覚、もしくは足場と足場の組み方がわかる時には足場が拡がる感覚が得られてきたと言えると思います。そして、具体的な振る舞いとしては、学生との対話の最中にオドオドビクビクに支配される確率が少しずつ低くなって、落ち着いて学生と対話する（例えば学生との対話の最中に自分の呼吸などにも意識を向けることができるような）確率が少しずつ高まってきたと言えるのではないかと思います。

カウンセラーの成長理論においては、成長をステージにわけてその特徴を分類する考えが主流のように思われますが、それは感覚的にぴったりくるものではありませんでした。その点、梅津の「確定域」の考えは長期的な成長段階を想定せず、あくまで「ある瞬間のある行動をとる確率」でその人を捉える点で新鮮でした。何歳までにある特徴を有するカウンセラーになることを目標とするようなトップダウンの考え方ではなく、今この一瞬一瞬の振る舞い、目の前の一歩の踏み出しに意識を向けて自分の成長を考えれば良いように感じて、安心感を持つことができる考えであると私は思っています。そして、思い返せばこれは冒頭に述べた、先輩方がインタヴューで自分の体験を振り返りながら一つ一つ丁寧に言葉にしていく姿勢を目の当たりにして、それを目指したいと思った気持ちに通じるものでもありました。

学生相談カウンセラーの成長をもたらすもの

それでは、学生相談カウンセラーの成長は何によってもたらされるのでしょうか。私にとって学生相談に携わってから最初に足場が得られたと感じたのは学生相談の事例論文に初めて取り組んだ時でした。そしてこの足場が得られたという体験は、実践の「振り返り」によってもたらされたと考えています。何かしら面接過程をまとめてみたいような、面接過程で何が起きたかをまとめないと気持ちが悪いようなモヤモヤした不全感が元にあって、面接過程の振り返りを行う中で、モヤモヤに言葉が付けられていく感覚やその後のカウンセリングの足場の一つになる感覚を持ちました。学生相談カウンセラーの成長は、カウンセラー自身の不全感をもとに自問自答し、面接経過を俯瞰したり、学生にとってより良い対応を求めて探索したりすること、こうした振り返りの営みが丁寧になされていくことによってもたらされるものではないかと思います。

学生相談カウンセラーの成長を輔けるスーパーヴァイザー

学生相談カウンセラーに成長をもたらす「振り返り」はそのカウンセラーひとりに委ねられるものでしょうか。ここで私の所属する東北大学学生相談・特別支援センターでの職場内スーパーヴィジョンの取り組みを書いてみたいと思います。

従来より教職員からの相談が頻繁にあり、教職員も含めてカウンセラー数人のチームで協働したり、キャンパス内での緊急ケースにも対応できるような柔軟性・迅速性を志向して、カウンセラーが複数で同一ケースを担当する方法が実施されてきました。そして数年前より積極的に職場内スーパーヴィジョンによる学生相談カウンセラーの成長支援に取り組み始めて、その一つとして、経験豊かなカウンセラーが他のカウンセラーと同席で面接を行う同席面接（コセラピー）が行われています。同席面接とはカウンセリングプロセスとスーパーヴィジョンプロセスが同時に進行するライブスーパーヴィジョン（平木、2017）の一つです。なお、同席面接も含めて職場内スーパーヴィジョンはカウンセラーの任意で受けるものになっています。同席面接というカウンセラーの複数対応はもちろん学生の了解を得て行いますし、全ての学生に同席面接をするということでもありません。

私は同席面接から数多くのことを学ばせてもらいました。スーパーヴァイザーのほうが主に学生と関わる時には、問題行動と見られても不思議ではない学生の行いについて学生の成長を第一に考えて教員にアドバイスをする姿勢、自殺願望のある学生の話を頷きながらじっくり寄り添う姿勢、緊急のケースでは大きな視野で物事を捉えつつ、刻々と変わる状況にも即して対応し、時機を逃さず関係する教職員や保護者、大学の上層部と連携していく過程などをありのまま見せてもらいました。このようなスーパーヴァイザーの振る舞いを実際に見せてもらうことによって、学生相談の場面場面でどのように対応するかという一つのリアルな対応イメージを作ることができました。もちろんそのスーパーヴァイザーと同じ対応を私がすることはできませんし、同じ状況もありませんので、そのまま自分の足場にはなりませんが、足場のイメージ、足場の組み方のイメージを持つことができる感じがしました。

また、同席面接において私の方が主に学生と関わり、それを経験豊かなカウンセラー（スーパーヴァイザー）が見ている時もあります。私の関わりが、学生にとって良くない時や不十分な時にはその場でスーパーヴァイザーが私の言葉を修正したり付け加えたりします。そして、同席面接後はそのままスーパーヴィジョンになり、あの時のやり取りはどうだったかなど、共通の体験をもとに話し合うことができます。この体験も私にとってインパクトがあるものでした。面接経過を実際に共有した者同士なので、リアルな体験をもとに、問題点をピンポイントで振り返ることができるのです。日常業務の中で丁寧な振り返りをすることは簡単ではありませんが、ピンポイントの振り返りはフォーカスを絞った丁寧な振り返りをすることができ、さらに振り返りの内容を時間を置かずに次回以降の面接回で学生にお返しすることもできる点で有意義であると感じています。

思い返せば大学院生の時に田中先生にクライエントとの関わりを傍で直接見せていただいて以来、カウンセリング場面を実際に見せてもらう機会、さらに自分のカウンセリングを人に見てもらう機会はほとんどありませんでした。先達のやり方を実際に見せてもらい、さらに自分のやり方もありのままに見てもらうことで、自分の足場は拡がっていきやすくなるのだと感じています。つまり、このような意味でカウンセラーの成長を輔けるものとして、スーパーヴァイザーの存在はありがたいものであると実感しています。

なお、ここでは職場内スーパーヴィジョンの一つとして同席面接を取り上げましたが、学生相談の領域においては職場内スーパーヴィジョンは積極的には取り組まれていません。それはスーパーヴァイザーとスーパーヴァイジーでありながら上司と部下であるという多重関係の問題が背景にあると思います。しかし、学生相談に限らず心理臨床全般における現実問題として、布柴（2014）はスーパーヴァイザーとスーパーヴァイジーの関係が純粋にスーパーヴィジョン関係のみである場合は、むしろ稀であり、多重関係にならざるを得ないことを前提にして考えた方がより現実的であることを指摘しています。そして私は多重関係問題は職場内スーパーヴィジョンの有効性を無に帰するほど有害なものかという吟味がこれまでなされないまま、「多重関係のリスク」という一言で職場内スーパーヴィジョンに取り組まないことが合理化されてきたのではないかと思っています。もちろん職場内スーパーヴィジョンを手放しで推奨するつもりはありません。職場内スーパーヴィジョンを必須のものではなく任意のものとしたり、職場外スーパーヴィジョンを受けるという選択を確保したりする工夫は大切だと思います。

おわりに

梅津（1978b）は教育実践における先生と生徒の関係について次のように述べています。教師は生徒が困る状況を作りだし（「状況工作」）、手出しをしない（「干渉抑制」）ことで、生徒は新しい生命活動を切り開きます（「革生的行動体制変換」）。他方、先生の側もその「状況工作」や「干渉抑制」が適時・適切・適度であるかどうかを見極めるまで迷ったり心配したりという「障害状況」にあります。そして、その先生の「状況工作」や「干渉抑制」が適時・適切・適度であったかどうかを判定するのは相手の生徒だけであり、その意味で「先生の生命活動の革生を輔けているのは生徒」であり、「先生が生徒を輔生するだけでなく、生徒が先生をまた輔生している」として、教育実践を「相互輔生」の活動と看破しています。

カウンセリングも同様に相互輔生の活動ということができると思います。そして、スーパーヴィジョンについてもまた教育実践やカウンセリングと同様に

「相互輔生」の活動と言うことができると考えます。なぜなら、クライエントである学生への対応に躓いているスーパーヴァイジーがおり、当初はスーパーヴァイザーもそのスーパーヴァイジーにどのような支援ができるかわからないという「相互障害状況」にありますが、その後、スーパーヴァイザーとスーパーヴァイジーが協働する中で、スーパーヴァイジーが輔けられ、そのスーパーヴァイジーの反応によってスーパーヴァイザーはそのスーパーヴィジョンが適時・適切・適度であったかどうかを判定することができる、つまりスーパーヴァイザーの「生命活動の革生」が輔けられると考えられるからです。

学生相談カウンセラーの成長を考える時に、これまで私は成長するカウンセラーのことをスーパーヴァイジーとしか捉えることができていませんでした。すなわち、スーパーヴァイジーとしての自分にばかり目が向いて、その成長を輔けるスーパーヴァイザーの想いや考え、その移り変わりに目を向けることがこれまで十分にできていませんでした。しかし、相互輔生の活動としてスーパーヴィジョンを見た時に、スーパーヴァイザーの成長とは何かという問いが自然に浮かんできます。職場内スーパーヴィジョンや同席面接という器が用意されていても、そこにスーパーヴァイザーの生きた想いや考えがなければ、仏作って魂入れずであり、形骸化した成長支援にならざるを得ないと思います。スーパーヴァイジーの成長を輔けるスーパーヴァイザーの想いや考えはどのような配慮に満ちたものなのか、スーパーヴァイザーはどのように成長していくのか、学生のエールに応えるためにはこのテーマを今後検討していく必要があると考えています。

〔引用文献〕

平木典子『心理臨床スーパーヴィジョン―学派を超えた統合モデル』金剛出版、2017年

布柴靖枝「スーパーヴァイザーの無意図性―人間性・世界観」(皆藤章編)『心理臨床実践におけるスーパーヴィジョン―スーパーヴィジョン学の構築』108-112頁、日本評論社、2014年

櫻井未央・中島正雄「事例を『書く』という体験―セラピストの中に引き起こされるもの」『東京大学大学院教育学研究科心理教育相談室紀要』28巻、67-80頁、2004年

梅津八三「行動体制と信号系」『心理学—梅津八三の仕事第 3 巻』155-184 頁、春風社、1978 年 a
梅津八三「特殊教育 100 年に際して」『心理学—梅津八三の仕事第 3 巻』185-191 頁、春風社、1978 年 b
梅津八三「Y. A., N. A., Y. K., K. T., T. Z. についての教育実践要録」『心理学—梅津八三の仕事第 3 巻』259-286 頁、春風社、1979 年
梅津八三「元良先生と心理学」『心理学—梅津八三の仕事第 3 巻』327-339 頁、春風社、1987 年
吉武清實「学生相談臨床実践のための仮設系」『学生相談研究』36 巻 3 号、263-275 頁、2016 年

セラピストの加齢はプレイセラピーにどう影響するのか？
――失われるもの／培われるもの

内海新祐

「経験を積むこと」をめぐる問い

本稿では、セラピストの加齢とプレイセラピーについて考えたいと思います。セラピストが年を取ることは、そのプレイセラピーにどう影響するのか？　これを考えたい理由はいくつかあるのですが、そのうちの一つに、しばらく前、ある若手の問いに窮したことがあります。

それはある事例検討会後、プレイセラピーを経験し始めたばかりの新人に何が必要かについて数人で話をしていた時のこと。プレイセラピーはまだ二例目だという彼に、私は「子どもの表現に魅せられて、遊びとその推移が何を示唆するのか、なぜ自分はこんな気持ちになるのか、そこから意味を汲もうとするのがセラピーなわけで、最初の一、二ケースは特に、一回一回、言葉にならない考えや気持ちに心が千々に乱れておかしくなっちゃうくらいに考えるのが大事だと思うよ」と自身の経験から述べたのでした。問いはその直後に発せられたものです。「あの、その考えは、全国的にコンセンサスが得られているんですか？　そうでなければならないというエビデンスはあるんですか？」

意表を突かれて「ええと、特に反対する人もいないとは思うけど……全国的に共有されているかというと……」と言葉を濁す私に、さらに追い打ちがかかりました。「だとしたら、それは経験と価値観の押し付けになりませんか？」そうは言いつつも、彼は特別反発したいわけではなさそうでした。ただ、「子どもの遊びに魅せられて」だの「心が千々に乱れて」だの「おかしくなっちゃうくらいに考える」だのといったことが必須のように語られることにいま一つ馴染めない風情でした。
うーむ、経験と価値観の押し付け……。確かにその通りではあるのですが、私にしてみれば「それらが大事」というより、「そういうもの。むしろどうしてもそうなってしまうもの」くらいに自明だったことに疑問符が付きつけられたわけです。私は自分の考えを引っ込める気は毛頭ありませんでしたが、しかし翻って、「じゃあ、そうやってスタートしたというお前は、駆け出しの頃に比べてそんなにいいセラピストになっているのか？　新人にやらせるより俺がやった方がいい、と絶対言えるのか？」と考えると、いささか威勢が悪くなります。よく医療ドラマにあるように、外科的な技量ならば腕の良し悪しは傍目にも明らかでしょう。オペの最中、危機的状況に陥った技量の足りない後輩。そこへ性格は悪いが腕はピカイチの天才外科医が現れる。「邪魔だ、どけ。」さっさと腫瘍を取り除き、縫合を開始する。「おお、なんという速さだ、信じられない。」周囲の感嘆をよそに、もう縫合が終わろうとしている。「じゃ、あとは任せた。」不敵な笑みを浮かべながら天才はオペ室を去っていく。
……などということはプレイセラピーの世界では起きないでしょう。プレイセラピーで展開する経過は、固有の関係を基軸とした唯一無二のものであり、他者が代替した途端、それまでとは違う展開になると考えられるからです。しかし、では唯一無二ならばそこに技量の優劣や経過の良し悪しはないのか？　もしそうだとすると知識と経験を重ねる甲斐などないのか？　それに、傍目には室内で起こっていることは分からないわけです。「どっちがやっても変わらないんじゃない？」などと思われてもいいものなのか？
そういう次第で、今の私が大事だと信じてやまないものの積み重ねは一体何になっているのか、これについて考え、一定の見解を持ちたいと思ったわけです。

なぜ「加齢」？　なぜ「プレイセラピー」？

ところで、ここでなぜ加齢という言葉を使うのか、また、なぜプレイセラピーに絞っているのかについても一言しておきます。上のような問題意識だけならば、加齢と言わず「キャリアを重ねること」など、ニュートラルな問題設定にしてもよかったでしょうし、プレイセラピーに限らず心理療法全般の課題としてもいいはずです。ここには日本の（固有かどうかは分かりませんが）プレイセラピーを取り巻く事情、そしてそのことによる固定的なイメージに対する私の問題意識が反映しています。すなわち、プレイセラピーは若い人がやるもの、わりと気軽にできるもの、という傾向と観念です。

たとえば臨床心理系の大学院付属相談室で臨床教育を受ける場合、修士課程ではプレイセラピーを担当し、博士課程に進むと親面接を担当するようになるというパターンは比較的多いように思います。あるいはまた教育相談などの現場でも、入職したての若い頃はもっぱらプレイセラピーをやり、年数を経るにつれ親面接を担当するようになっていく、あるいは組織のマネジメント役になっていくことが多いようです。しかしその逆はめったにない。「私の知る限りでは、第一に一〇年間プレイセラピーそしてプレイセラピストとしての自分自身にとりくんで来た人はきわめて少ないという事実があります。」これは1960年代に書かれた一文で（越智、1963）、この文章が書かれてから60年近くが経ちますが、こうした傾向はそう大きくは変わっていないのではないでしょうか。確かにセラピスト人口が増え、キャリア10年以上のプレイセラピストも実数としては増えてきたでしょう。しかし、割合としては少なく、その結果、プレイセラピーは比較的若い人が担うもの、というイメージが依然根強くある気がします。ここには大きな身体的動きを誘発しやすい日本のプレイルームの特徴——精神分析系の方たち、特にクライン派の方には叱られそうな——も関係しているかもしれません。

そして、その伝統？　ゆえに、ことプレイセラピーに関しては、キャリアを重ねることの意義やアドバンテージが考察されるよりも、「もう若い頃のようにはできない」といった加齢の負い目の方が前景になりがちなのだと思われます。体力と情熱を頼りにした、子どもとの劇的な交流。そうした激しくも印象深い体験の残像があればあるほど、その思いは強くなるようです。実はこのテーマは日本遊戯療法学会第25回大会（2019年）のワークショップで取り上げたことがあるのですが、参加者の多くは30代から40代に差し掛かるくらいの方で、大方はやはり加齢というワードに惹かれてきたようです。20代でプレイセラピーを始めて10年くらいが経つけれど、体力も情熱も以前と同じとは言えなくなってきた今、さてこれから自分はどうしていったらいいのだろう。その手がかりを得たい。そういう問題意識が感じられました。かく言う私も同じ気持ちで企画したわけで、それは本稿でも同じです。加齢の引け目を出発点としながらも、それを超えた考察を蓄積の少ないこの領域に加えたいと考えたのです。

加齢によって何が変わってきたか？

さて、私自身はと言えば、初めてプレイセラピーに触れたのはやはり大学院修士課程の時、まだ20代前半でした。小2男児、5歳男児、そしてまた5歳男児と続けて経験し、その中で、私はいつの間にか思っていたのでした。「少なくとも還暦まではプレイセラピーをやる。」

これは、目標や意志とは違います。天啓みたいなものでもありません。本当にいつの間にか、意識の底に棲みつくようになった感覚でした。なぜ、いかなる経験をしたからなのか？　よく分かる気もしますし、本当のところは分からない気もします。ただ、子どもの遊びの切実さに胸を衝かれたこと、子どもの表現の謎（分からなさ）に惹かれたことは確かです。

ともあれ、それから約四半世紀。ありがたいことに私は今もプレイセラピーに携わり続けています。20代前半の時には遥か遠くに見えた還暦は、40代後半の今、案外もう近い気がします。この短いとは言えない歳月の中で、私と子どもとの間で生じるセラピーには確実に変化が生じてきました。

最も大きいのは、子どもが出してくるものの激しさでしょう。30代まで、子どもは私の前で結構ハチャメチャなことをしていきました。小2の男の子は何十分も延々と私を刀で斬り続け、モノを投げ、その後いきなり赤ちゃんのようになっておっぱいを求める仕草をしました。5歳の男の子は本気で私に乾電池を投げつけ、針金で眼をえぐろうとしました。5歳の女の子は終了間際になると必ず部屋に水をぶちまけ、時には何日分もの新聞紙を細切れに裂いて部屋中に撒き散らしていくこともあり、私は原状復帰に1時間以上を要するのが常でした。小1の男の子は、人形を床にたたきつけ、毒を食わせ、〝クモの糸〟で壁に縛りつけ……と苛み続けました。先輩には「内海は出させすぎなんだよ。そういうのが出たからって治療的ってわけじゃないんだから」と言われたこともあります。しかし、望んでいるわけでもないのにそうなってしまうのでした。

ところがいつの頃からか、子どもが展開するそういった激しさはだんだんと退潮し、私は子どもの表現にこころ掻き乱されて通勤の道すがらもいつの間にか考えている、ということが少なくなっていることにふと気づきました。道を歩きながら私の頭を占めるようになっていたのは、職場の人員体制やら運営やらのことでした。ああやだやだ。私が「加齢とプレイセラピー」というテーマを意識するようになったのは、その頃です。子どもが激しいものを出してこなくなったのは、こんなふうに別のことに気持ちを奪われて、個々の子どもについて考えるヴォルテージが下がったから？　風貌が老いてきて、肉体的な若さによって子どもの中で触発される何かが減ったから？――私はその頃、4歳の女の子に不思議そうに顔を見つめられ、「うつみしゃん？　どうしてここ（おでこ）に　もよう　かいてあんの？」と真面目に問われ、「うむ、これはね、しわっていうんだよ」と哀しく答えたこともあったのでした――私は歳月によってプレイセラピストとして進歩しているどころか、むしろ退歩しているのではないのか？　これもまた本稿のテーマに私がたどりついた理由です。

少し年をとってからのケース

私の懸念は完全には拭い去れないものの、先の学会ワークショップ、そしてその前後における勉強仲間とのやりとりのなかで、上のような現象は必ずしも「風貌や体力の衰え」「セラピーに注ぎ込むエネルギーの低下」といった不景気な要因ばかりではなく、もう少しポジティブな側面にもよるのではないか、との指摘も受けました。そう言われてみるとそうかもしれないと思えることもあります。以下に40代半ばになってから始めたケース（事実関係をいくつか変更）の一部を示します。

身体的虐待とネグレクトで小1の時に児童養護施設に入所したコウ君（仮名）は、日ごろから学校でも家でも落ち着きがなく、暴力や暴言も目立ち、周りの子から避けられがちでした。また、万引きはまだないものの、学校の備品や友だちのモノを素早く巧みにくすねることが継続してみられ、いくら諭しても減りませんでした。プレイセラピーは入所して半年ほど経ってから「確実に大人と関わることができ、人を傷つけずに自分を表現できる場を」との目的で、施設内の心理職である私と開始しました。彼には「うまくいかないことがいろいろあるらしいね。お話聞かせてもらって、少し毎日が軽くなるといいなと思って」と声をかけました。

日常生活の中で彼の言動を見たり聞いたりしていた数か月を経て、開始に先立ち私が確信していたことは「プレイルームは使わない方がいい。時間も30分を超えない方がいい」ということでした。プレイルームは刺激が多すぎて遊具に翻弄されるだけで時間が過ぎてしまうだろう。それに、これだけ盗みが板についている子だと、私の力では絶対プレイルームの物品を護りきれない。プレイルームの恒常性や安全感を保障できないし、盗まれやしないかと警戒することばかりに注意が割かれてしまう。この子も30分以上はひとところに落ち着いていられないだろう。

私は広くない地味な面接室を選び、そこに文房具一式や工作のできる材料、折り紙や粘土などを持ち込み、彼専用の箱も準備しました。大きな動きのしにくい環境をあえてしつらえたわけです。初回、自分用にしつらえられた部屋に彼はチラッと眼を光らせました。彼とはその中で、初めはコラージュや交互色彩分割などをやっていましたが、回を重ねるうちに、「小さなヒーローが巨大な怪獣と戦う」ごっこ遊びを始めたり、「お腹に檻をもつお化けを男の子がやっつける」絵を描いたりするようになっていきました。

半年ほどたったある日、彼は私と横並びで「お勉強ごっこ」をしながら、ふと「俺がいなくなったら寂しい？」と尋ねてきました。「そりゃそうさ」と私が答えると、「でもタッちゃんは喜びそう。『コウ嫌い』って言ってるもん」と言い、しかし即座に「でもまあいいや」と言いました。寂しさ、残念さを打ち消すかのようで、私は、彼が粗暴さの傍ら「周囲から疎まれている自分」を感じながら生きていることに、あらためて胸を衝かれる思いでした。

その数回後、やはり横並びで、今度は粘土をこねながら、彼は「俺の本当の家には小さなネコがいるんだ」と言いました。実家にそんなペットなどいないことを、私は知っていました。「そいつはさ、俺のおもちゃを壊すし、教科書もビリビリに破いちゃうんだ。で、今頃ママに叱られていると思う。」「ふうん、そのネコちゃんは壊そうと思って壊してるの？　壊すのが好きなの？」と私が尋ねると、「そういうふうに生まれてきたの。壊したくないと思っても、勝手に体がそう動いちゃう」と答えます。「うーん……それじゃ、そのネコちゃんもちょっと困っちゃってるかもねえ……」と私。「動物病院でいい薬ないかねぇ」と彼。「あるんじゃないかねぇ……いろんな人がいいお薬を作ろうとしてるから」

私の脳裏には、この〝ネコちゃん〟は彼自身のことなのだろう、という空想が働いていました。自分の力だけではどうにもならない感じや自己イメージをネコに仮託して語り合っている……むろんそれは彼が意識してそうしているという意味ではなく、傍目には妄想と言われても仕方ないものです。でも、この子が日ごろ騒がしい空気の中を生きているのを私は見知っていましたから、この時間のしっとりとした感触は、それだけでも意味があるように私には感じられたのです。彼が実際に服薬して少し落ち着いた状態になるのはこの1年以上も後のことですが、そういう日が来ることを、私はこの日うっすら感じていた気がします。

年の功がもしあるとすれば

もし私が20代の若々しい容姿と活動量で「週1回50分プレイルーム」という方法を採用していたら、この子とのセラピーはおそらくかつて私が経験した以上に激しく荒々しいものになっただろうと想像します。それはそれで意味があり、やり抜けば双方にとって大きな意味のある経験となりうるでしょう。しかし、下手をするとただハチャメチャになって双方傷ついておしまい、という危うさも孕んでいます。諸刃の剣です。

このケースにおいて、もし私に年の功があったとすれば、「害する」可能性を予め減らす設定をしたことにあると思います。そしてそれが可能だったのは、このような背景と状態像を持つ子どもはどのような体験世界と困難を抱えているのか、そういう子どもとの関わりではどんなことが起きやすいのか、そしてそのような子どものこころに落ち着いて取り組むにはいかなる条件設定が必要か、に関する経験知と選択肢が少なくとも20代の頃よりは（特に、子どもが抱えているであろう〝うまくいかなさ〟の理解については、専門知だけでなく、おそらく私自身の人生における陰翳の折り重なりも手伝っているような気がします。）厚くなっていたからだと思います。それをもとに、セラピーの原則は意識しつつも「この子には何が適するか」を私なりに案出し、私の職場の条件下においてそれを作ったわけです。

「そのプレイセラピーの良し悪しを測る評価軸は何か？」とは、なかなかに難しい問いです。新人には新人の、ベテランにはベテランの、独自の展開と経過と意義があります。しかし、「では唯一無二ならばそこに技量の優劣や経過の良し悪しはないのか？　もしそうだとすると、知識と経験を重ねる甲斐などないのか？」という先の問いに戻るならば、それはやはり「ある」と思います。でもそれは、「新人だから→劣っている」、「ベテランだから→優れている」（あるいはその逆）という結びつきではありません。結局のところ、技量は「その子に関する理解の幅と深さ、それに応じる生き生きとしたこころと的確な方法を持っているか」という観点から測られるのだと考えます。この観点に適う確率を上げようとする努力が「知識と経験を重ねる甲斐」なのでしょう。後はもう、風貌や体力、知識、経験、理解力等々含めたトータルな「私」という道具（遊具）を相手に子どもが表現していった結果ですから、あまり気にしても仕方ありません。仕事の上では「大当たりも少ない代わりに三振や併殺打のような大失敗も少ない、堅実なヒット確率」が大事で、これに関してはベテランに分があるはず（あってほしい）ですが、さてどうでしょうか。

また、傍目には室内でおこなわれていることが見えない分、周囲に対してセラピーの意味を説明する努力は大切で、その腑に落ちやすさと説得力においてはベテランに分がないようでは困ります。「その子に関する理解の幅と深さ、それに応じる生き生きとしたこころと的確な方法」をどれだけ自覚的に把握しているかが反映されるからです。逆に言えば、本来言葉になりにくいこのようなことを言葉にしていけるようになることこそが、ベテランになっていくということの一つなのかもしれません。「知識と経験を重ねる甲斐」はここにもあるといえるでしょう。

職業生活を貫くもの

さて、冒頭の問いに戻りましょう。プレイセラピーの力量の向上のためには「一回一回、言葉にならない考えや気持ちに心が千々に乱れておかしくなっちゃうくらいに考えるのが大事」だというエビデンスや全国的な合意は確かにありません。しかし、その経験なくして「理解の幅と深さ」を広げ、「言葉にしていけるようになる」ことが〝原理的に可能なのか？〟と考えると、私にはやはり想像がつきません。理解というものは「理解できていない」とよくよく思い知ることで初めて深まるものでしょうし、言葉というものは「言葉にできない領域」の質と量をまざまざと触知することで初めて磨かれるものだろうからです。

「一回一回、おかしくなっちゃうくらい考える」ことは本来ずっと必要なことですが、多くのセラピストにとってはそれを新人の頃の勢いと熱量で一生続けるのは難しいでしょう。それは、プロ野球選手が高校球児だった頃と同じ勢いと熱量で一試合一試合に臨み続けるのが難しいことに似ているかもしれません。でも、長い職業生活を貫く〝一生もの〟のドライヴは、やはり「熱闘甲子園」的な無条件の、留保なしの熱き日々に由来するのではないでしょうか。それを礎にして、職業人は職業人としてのヴォルテージとモチベーションの保ち方や〝準備力〟を身につけていくのだと思います。高校球児だった頃と同じ勢いと熱量ではなくなることと、引退する選手がしばしば「野球への愛はずっと変わらなかった」と言うことに矛盾はないと思います。私も、プレイセラピーへの愛——といっては大袈裟ですが、子どもの遊びの切実さに胸を衝かれること、子どもの表現の謎（分からなさ）に惹かれること——は、今も、いささかも変わっていないと自分では思っています（まだ引退もしない予定です）。経験と価値観の押し付け？　うーん、でもまずそれをしてみないことには始まりませんから。

〔**文献**〕

越智浩二郎「プレイ・セラピストについてのひとつの問題」『臨床心理』2巻3号、34-42頁、1963年

あとがき——手を引かれて来た場所の先へ

この本の書名を見て、「こころの治療援助を専門としている人たちがやってることなんでしょ？　『こころで関わりこころをつかう』なんてあたりまえじゃないの？　なんでわざわざ本の題名にしてまで言い立てるわけ？」と思った方もおられるでしょう。その方は正しい。そんなのあたりまえだ、と私たちも思います。しかし、そのあたりまえのことが実はそう容易ではなく、また昨今、その容易でなさの中で、いっそうあたりまえでなくなりつつあると感じるがゆえに、この本は編まれたのだと言えます。本書の制作は、こころの治療援助において「こころをつかう」というあたりまえのことを貫こうとし続け、これをキーフレーズとして私たちを指導し続けてこられた田中千穂子先生が引退するとの報をきっかけとして始まりました。田中先生および本書のテーマと執筆者との結びつきがどのようなものかは既に総論でも触れられていますので、ここではこの本の成立事情についてもう少し述べましょう。「田中先生」や「田中研」なる言葉の登場に、縁もゆかりもない方は鼻白む思いがするかもしれませんが、本の内実にも関わることですのでどうかご容赦を。

＊

田中千穂子先生が大学を辞される、のみならず心理臨床の職業自体からも退かれる。このことを先生ご自身からメールで知らされたのは2020年の5月でした。田中先生が引退？　大学はまあわかるとして、臨床も？　力がなくなったわけでもないのにもったいない。普通はそう思うでしょう。実際その通りですから。でも、私はまったく驚きませんでした。むしろ「ああ、そうか。先生らしいな」と思ったものです。私は先生が「臨床の辞め時」を常に懐の奥で探りながら過ごしておられるのをうっすら知っていましたし、先生は日頃の臨床でも、私たちへの指導でも、カイロスを重んじておられましたから。誰が何と言おうと、先生固有の「その時」を捉えられたのだろう、と。

引退そのものは私たち教え子がどうこう言えるものではありませんが、メッセージだけ受け取ってハイおしまい、というのではさすがにわびしい。何か物足りない。……そうボンヤリ思いながらメールを読み返してみると、末尾に「これからはあなたたちの時代です。精進あれ!!!できる応援はします」とあるではありませんか。そうか、ならば精進を応援していただいちゃおうじゃないか。この本はこうして企画されました。

田中先生は私たちに「臨床の経験を言葉にしなさい。できなくてもそう努めなさい。腕が上がるから」と常々おっしゃっていました。しかし、そのたびに私たちは「えー、でも……」と口籠り、「うー……」とか「あー……」とか言うばかり。私たちが話し上手でスイスイと文章の書ける院生集団だったら先生もそこまで口を酸っぱくして言う必要はなかったのかもしれませんが、どういうわけか「田中研」は〝経験したこと〟と〝言葉〟とをつなぐ回路がこんがらがりやすい者が多く集まってくるようで、カンファレンスでも勉強会でも、しばしばあちこちでショートする音が聞こえました。私を含む初代がそうだったせいか、どうもこれは一種の伝統みたいなものになってしまったようです。このような私たちにとっての「精進」とは、やはり臨床場面で経験したもろもろを言葉にすること。それを「応援」していただくことで、臨床能力の向上をも「応援」していただこう。そう考えたわけです。先生の著書『心理臨床への手びき』は私たちの問いに先生が答えて下さるスタイルだったけれど、今度は自分の問いに自分自身で答えよう。それがもっとも精進になるに違いない。

ただし、精進はあくまで私たちの目的であって、曲がりなりにも書籍として世に問うわけですから読者をそれに付き合わせるわけにはいきません。総論を田中先生にお願いするのは当然として、企画にあたって私たちが目指したのは、①いつしか「田中研」の伝統的キーフレーズになっていた「こころをつかう」心理臨床をそれぞれがどう考え・生きているのかを精一杯言葉にした、②しかし決して田中先生礼賛にはならない、③一本一本が論考として自立した、今の心理臨床業界に意味を持つような本」です。どれだけこれに適ったものになっているか、今の私たちなりの最善を提示したつもりではありますが、あとは読者諸賢の判断に委ねます。

＊

ともあれ、田中先生の手びきを頼りに各々が歩んできた軌跡と現在地を示すところまでは来たわけです。願わくば、今度はこれらの論考を導き手として「今ある自分のからだ・こころ・あたま」を出発点にそれぞれが感じ抜き、考え抜く心理臨床が拓かれますことを。まったくの独りよがりな望みではないと思っています。ここに集められた論考は、一見「最新」やら「最先端」やらとは縁遠いものではありますが、総論でも述べられておりますように、今の心理臨床において省みられなくなりつつある大事なことが記されているはずですから。もちろん私たちも——諸般の事情で今回の執筆には参加できなかったメンバーも含め——ここから先へ進めるよう努めます。

最後に、私たちの企画に対し「無謀」とプロの見解を示しつつも、心意気を買って編集の労をとって下さった日本評論社の遠藤俊夫さんに深く感謝申し上げます。私たちが目指したものの中には、先に挙げた①②③に加えて「④できれば売れる本」というのもあったのですが、さてどうなるでしょうか。私たちも頑張ります。

2020年12月23日

内海新祐

執筆者一覧（執筆順。所属・肩書きは2021年3月1日現在）

田中千穂子（たなか・ちほこ）＝監修者
1981年より花クリニック精神神経科勤務（2021年3月まで）。1997年より東京大学大学院教育学研究科勤務、2004年より同教授（2011年3月まで）。2016年より学習院大学文学部心理学科教授（2021年3月まで）。臨床心理士。

菅沼真樹（すがぬま・まき）
東海大学文化社会学部心理・社会学科准教授。臨床心理士、公認心理師、生殖心理カウンセラー。

櫻井未央（さくらい・みお）
杏林大学保健学部臨床心理学科講師。臨床心理士、公認心理師。

八巻絢子（やまき・あやこ）
川崎市総合教育センター。臨床心理士、公認心理師。

山田美穂（やまだ・みほ）
就実大学教育学部教育心理学科准教授。臨床心理士、公認心理師。

平野真理（ひらの・まり）
東京家政大学人文学部心理カウンセリング学科講師。臨床心理士、公認心理師。

坂井玲奈（さかい・れいな）
葛飾赤十字産院。臨床心理士、公認心理師。

森岡さやか（もりおか・さやか）
二松学舎大学学生相談室カウンセラー／明星大学学生相談室カウンセラー／賛育会病院小児科。臨床心理士、公認心理師。

関　真由美（せき・まゆみ）
日本赤十字社医療センターメンタルヘルス科。臨床心理士、公認心理師。

石井朋子（いしい・ともこ）
知多市子育て総合支援センター。臨床心理士、公認心理師。

広津侑実子（ひろつ・ゆみこ）
東京大学大学院特任研究員／ろう学校スクールカウンセラー。臨床心理士、公認心理師。

小野田奈穂（おのだ・なほ）
二松学舎大学学生相談室カウンセラー／賛育会病院小児科。臨床心理士、公認心理師。

中島由宇（なかしま・ゆう）
東海大学文化社会学部心理・社会学科特任講師。臨床心理士、公認心理師。

梅垣沙織（うめがき・さおり）
あだちこども診療所。臨床心理士、公認心理師。

葉山美織（はやま・みおり）
　西宮市立こども未来センター。臨床心理士、公認心理師。
中島正雄（なかしま・まさお）
　東北大学学生相談・特別支援センター准教授。臨床心理士、公認心理師。
内海新祐（うつみ・しんすけ）＝編者
　川和児童ホーム心理療法担当職員。臨床心理士、公認心理師。

●監修——————

田中千穂子（たなか ちほこ）

1954年、東京都に生まれる。1983年、東京都立大学大学院人文科学研究科心理学専攻博士課程修了。文学博士。1981年より花クリニック精神神経科勤務（2021年3月まで）。1993～94年 Children's National Medical Center（Washington　D.C.）assistant researcher。1997年より東京大学大学院教育学研究科勤務、2004年より同大学院同研究科教授（2011年3月まで）。2016年より学習院大学文学部心理学科教授（2021年3月まで）。臨床心理士。

主著に『母と子のこころの相談室』（医学書院、1993年、改定新版、山王出版、2009年）、『ひきこもりの家族関係』（講談社＋α文庫、2001年）『心理臨床への手びき』（東京大学出版会、2002年）、『障碍の児のこころ』（ユビキタスタジオ、2007年）、『プレイセラピーへの手びき』（日本評論社、2011年）など。

●編集——————

内海新祐（うつみ しんすけ）

1973年、神奈川県に生まれる。1995年、東京大学教育学部卒業。2001年東京大学大学院教育学研究科博士課程単位取得退学。同年4月より児童養護施設旭児童ホーム勤務。2012年6月より川和児童ホーム勤務。臨床心理士、公認心理師。

著書に『児童養護施設の心理臨床』（日本評論社、2013年）、編著に『子ども虐待を考えるために知っておくべきこと』（滝川一廣と共編、日本評論社、2020年）がある。

こころで関わりこころをつかう――心理臨床への手びき その実践

2021年3月21日　第1版第1刷発行

監　修――田中千穂子

編　集――内海新祐

発行所――株式会社 日本評論社
〒170-8474 東京都豊島区南大塚 3-12-4
電話03-3987-8621(販売) -8598(編集)　振替00100-3-16

印刷所――港北出版印刷株式会社

製本所――井上製本所

装　幀――臼井新太郎装釘室

検印省略

ISBN 978-4-535-56396-4 Printed in Japan